Anna van

Alle ouders klungelen maar wat aan

De ontspannen opvoedgids

2019 Prometheus Amsterdam

Eerste druk oktober 2019
Tweede druk oktober 2019

Omslagontwerp Bas van Vuurde
Illustraties Claudie de Cleen
Foto auteur Lisanne van Campenhout
Zetwerk Mat-Zet bv, Soest
www.uitgeverijprometheus.nl
ISBN 978 90 446 4338 1

Inhoud

2 Hoe je je relatie (en die met oma, opa en de oppas) een beetje leuk houdt

3 Georganiseerde chaos in het gezin: slimme tips

Alle ouders klungelen maar wat aan

4 Het Echte Opvoeden: over regels en grenzen stellen

5 Creëer je eigen tradities: wat te doen met vakanties en feestdagen

Woord vooraf

Waarom heeft niemand mij dit ooit verteld?

Hoe vaak ik dát niet heb gedacht tijdens die overweldigende, slapeloze en kwetsbare jaren waarin ik moeder werd van twee kinderen.

Eén zo'n moment was op een vroege herfstochtend: mijn eerste dag alleen thuis met een pasgeboren baby en dreumesdochter. Sinds de kraamweek had ik hier tegen opgezien, maar mijn vriend moest aan het werk.

Dit is onmenselijk, dacht ik in paniek – alle luiers, hapjes en slaapjes die ik zou moeten verdelen over twee naar aandacht hunkerende partijen. Iedere keer als ik mijn borst tevoorschijn toverde om mijn zoon te voeden, sprintte mijn dochter als een professionele rugbyspeler door de huiskamer om zich tussen mijn lichaam en dat van haar pasgeboren broertje te wurmen.

'Hoe deed jij dit in godsnaam?' appte ik een vriendin die al een peuter en een kleuter had rondlopen.

'Probeer dat eerste moment zo lang mogelijk uit te stellen,' adviseerde ze – een tip die voor mij te laat kwam. 'Regel een oma, een buurvrouw desnoods. Ik was die eerste maanden bijna niet alleen.'

Nóóit had ik iemand gehoord over die – voor de buitenwereld onzichtbare – hulptroepen.

En zo zijn er meer verrassingen waar je als ouder mee te maken krijgt: je baby kan pas na zestien maanden doorslapen, opeens moet je werkelijk álles in je leven plannen (ja, zelfs een wc-bezoek vergt organisatie), je leert je partner op een nieuwe manier kennen, namelijk als vader of moeder, en je kunt opeens heel angstig worden om dit nieuwe geluk kwijt te raken. Het ouderschap is één groot cliché. We ploeteren ons allemaal door dezelfde fases van tandjes, sprongetjes, driftaanvallen en schermtijddiscussies. Maar voor zo'n gedeelde ervaring, voelt het soms behoorlijk eenzaam.

Die eerste dag alleen met baby en dreumes heb ik overleefd. Toen mijn vriend thuiskwam, zei hij met zijn jas nog aan: 'Waarom ga jij niet even een ommetje lopen?' Iets in mijn voorkomen (pyjama? spuugvlekken? algehele ontreddering?) wekte kennelijk de indruk dat ik een pauze goed kon gebruiken. Terwijl ik de frisse lucht inademde en verbaasd toekeek hoe buiten het gehaaste leven gewoon doorging, realiseerde ik me dat ik wél ben gewaarschuwd voor slaapgebrek en andere ouderschapsongemakken. Ik heb het alleen niet opgeslagen – of dacht eigenwijs dat het voor mij niet zou gelden. Er wordt vaak gezegd: als je écht weet wat het ouderschap inhoudt, zou je er misschien niet aan beginnen. Dat lijkt me wat overdreven, maar die roze bril, of pure onwetendheid, heeft ook zijn voordelen. Het zorgt ervoor dat je, met een open blik, de stap aandurft om een gezin te beginnen.

En toch is het de basisbehoefte van iedere ouder: weten dat je niet de enige bent. Het is fijn om te lezen dat anderen óók worstelen met bijvoorbeeld *witching hour*; je weet wel, dat moment aan het einde van de dag waarop alle gezinsleden hongerig en doodmoe thuiskomen en er ook nog gekookt moet worden. Met dit boek hoop ik andere ouders te helpen door herkenbare situaties te schetsen en praktische adviezen te geven. Met hulp van experts, andere ouders en mijn eigen ervaringen. Wat je bijvoorbeeld kunt doen om meer rust in huis te creëren en meer worteltjes in die kindermondjes te krijgen. Tips die je gewoon eens kunt uitproberen, en waar je gerust je eigen draai aan kunt geven zonder het gevoel te hebben dat je alles verkeerd doet. Want opvoedstress hebben we al genoeg.

Uiteindelijk wil iedere ouder een goede opvoeder zijn. Maar er zijn natuurlijk momenten waarop je het minder slim aanpakt dan je zou willen. Je snauwt naar je tienerdochter of gebruikt een surprise-ei om je kleuter in de autostoel te lokken. Ik troost mezelf met de gedachte: ik wil mijn kinderen zo goed mogelijk voorbereiden op de echte wereld. In dat licht: hoe nuttig zijn perfecte ouders dan helemaal?

Want ja, we klungelen allemaal maar wat aan. En dat is prima.

1

(Niet) eten, slapen en andere dagelijkse beslommeringen

Moeilijke eters tóch aan de broccoli krijgen

'Geen idee waarover iedereen zo moeilijk doet,' zei ik tegen mijn vriend, terwijl we trots naar onze dochter keken, die gulzig een stronk bloemkool opat. Ouders van groenteweigerende kinderen waren prutsers, wij hadden dit onder de knie. Maar toen werd ze één en leerde ze het woord 'nee'. Geregeld moest ik de broccoliprut van het behang schrapen. Waarom is gezonde kost bij kinderen zo'n gedoe? En hoe zorg je dat je kind genoeg groente binnenkrijgt?

Wat zeggen de deskundigen?

'Na twaalf maanden krijgen baby's last van neofobie: ze worden bang voor alles wat vreemd is,' zegt voedingshoogleraar Jaap Seidell van de Vrije Universiteit Amsterdam. 'Vanuit de evolutie is dat logisch, want kinderen beginnen met lopen en kunnen giftige dingen in hun mond stoppen.' Volgens deskundigen is het dus belangrijk vóór de eerste verjaardag veel smaken te introduceren.

Kinderarts Carlos González geeft in zijn boek *My Child*

Won't Eat (2012) een andere verklaring voor groente-aversie: de lage caloriewaarde. Volgens hem kiezen kinderen, met hun kleine magen, automatisch voor geconcentreerde voeding waar ze veel energie uit halen. Voor ouders kan het een geruststelling zijn: dit is normaal gedrag. Toch benadrukt Seidell: 'Kinderen hebben naast calorieën ook vitamines en mineralen nodig.'

Die voedingsstoffen krijgen Nederlandse kinderen niet voldoende binnen. Slechts 19 procent van de kinderen van één tot drie jaar haalt de dagelijkse aanbevolen hoeveelheid van 50 tot 100 gram groente, blijkt uit een peiling van het Rijksinstituut voor Volksgezondheid en Milieu. Van de kinderen van vier tot acht eet slechts 1 procent genoeg groente (100-150 gram).

Wat kun je doen?

Dat Franse papa's en mama's in alles superieur zijn, weten we nu wel. Toch biedt *French Kids Eat Everything* (2012) van Karen Le Billon inzichten om thuis te kopiëren. Fransen zien *le repas* als een ceremonie, stelt Le Billon, inclusief mooi tafelkleed, kaarsen en servetten. Klinkt truttig, maar ik merk dat mijn dochter en zoon enthousiast reageren als ik de maaltijd leuk aankleed met placemats en een kaars.

Hun bordjes decoreer ik met een olijfje en stukjes avocado. Want meer keuze op het bord betekent meer kans dat ze iets opeten. Schep om de paar dagen een nieuw soort groente op, raden deskundigen aan. Blijven de bietjes onaangeroerd? Geen paniek. Herhaaldelijke en onverstoorbare blootstelling is het geheim. Kinderen moeten soms wel tien keer iets proeven voordat ze het in hun smaakgeheugen opslaan. Zie het aanleren van groente eten als een proces van maanden, soms jaren.

'Geef je je kinderen selderij, dan zullen ze die eerst negeren en de volgende keer oppakken en als trompet gebruiken. Spelen is het voorstadium van eten, dus ontmoedig dat nooit,' aldus Claire Potter, auteur van *Getting the Little Blighters to Eat* (2013). 'Leg geen druk op eten. Dan geef je ze niets om tegen te rebelleren.'

Uit diverse Amerikaanse onderzoeken blijkt dat de groenteconsumptie van kinderen toeneemt als in de schoolkantine banners en videoschermen hangen waarop broccoli en wortels zijn afgebeeld als stoere figuurtjes. Thuis kun je die marketingskills ook inzetten: geef groenten coole namen, snijd ze in de vorm van frietjes of maak grappige gezichtjes.

'De kans dat kinderen groente eten is groter als je ze bij het bereidingsproces betrekt,' zegt Seidell. Laat je kroost dus onder het mom van 'meehelpen is mee-eten' boontjes wassen of broccoliroosjes breken.

Tot slot: wie wanhopig is, kan groente ook verstoppen. Maak bijvoorbeeld pannenkoeken met geraspte wortel of biet door het beslag of bereid een smoothie van banaan en spinazie. Klinkt bijna als iets wat powerfoodie Rens Kroes zou voorschrijven, dus drink gerust een glaasje mee.

Met jonge kinderen rustig tafelen – het kan wel

De Britten noemen het *witching hour*: dat gestreste moment aan het einde van de middag wanneer je als ouder eten op tafel probeert te toveren terwijl de kinderen moe en hongerig zijn. Na een lange werkdag op kantoor is koken misschien wel het laatste waar je zin in hebt, en dan moet de maaltijd zélf – die soms iets wegheeft van een slagveld – nog beginnen. Hoe creëer je een rustig eetmoment, als gezin met jonge kinderen?

Wat zeggen de deskundigen?

'Het begint met accepteren dat het niet gaat zoals je wilt,' zegt Elsbeth Teeling, auteur van het boek *Relax Mama in de keuken* (2016) en zelf moeder van twee kinderen. 'Kies een recept dat je kunt maken met je ogen dicht. Het ideaalplaatje van uitgebreid koken bewaar je maar voor in het weekend.'

Teeling is een groot voorstander van ontspannen ouderschap, wat in de praktijk betekent dat je soms best de makkelijke weg mag kiezen. In haar boek schrijft ze dat vaders en moeders wekelijks recht hebben op een kanskaart, zoals bij Monopoly: 'Deze dag is zojuist uitgeroepen tot nationale tostidag.'

Kleine kinderen kunnen kritische eters zijn. Het is daarom verleidelijk om wéér lasagne of pannenkoeken voor te schotelen omdat ze dat tenminste lusten. 'Ik merkte dat ik steeds simpeler ging koken omdat mijn zoon anders niets at,' zegt Teeling. 'Maar dat wilde ik helemaal niet, want ik moet het zelf ook lekker vinden. Nu maak ik curry en doe ik voor mijn zoon de boontjes en kip apart, zonder saus. Maar hij moet wel proeven.'

Je kunt kinderen tot een jaar of twaalf een gezond en gevarieerd eetpatroon aanleren en dus is het blijven aanbieden van verschillende smaken en texturen belangrijk, ook al nemen ze maar één hapje.

Hoe pak je het aan?

Eten is een van de weinige dingen waarover jonge kinderen controle kunnen uitoefenen. Ga je als vader of moeder hameren op het leegeten van het bord, dan kan het avondmaal uitlopen op een machtsstrijd. 'Het maakbaarheidsidee dat je precies in de hand hebt hoeveel je kind eet, klopt niet,' zegt Teeling. 'In plaats van je kind te dwingen om te eten, kun je beter het goede voorbeeld geven. Als kinderen zien dat jij geniet, dan leren ze daarvan. Je moet ook een beetje vertrouwen hebben dat je kind genoeg binnenkrijgt.'

Als ouder haal je wat druk van de ketel door vlak voor de avonddis al gezonde kost te geven. 'Mijn zoon vindt het heerlijk om een halve komkommer met ketchup te eten,' vertelt Teeling. 'Ook stukjes paprika en snoeptomaatjes gaan er goed in. Hij is toch hongerig. En dan is het minder erg als hij later minder broccoli eet.'

Wil je onrust tijdens het diner vermijden, dan is het verstandig om eens kritisch te kijken naar wie op welke plek zit aan tafel. Die opstelling gaat in veel gezinnen verkeerd: het jongste kind wordt bijvoorbeeld vaak aan de kop gezet. Niet doen, zegt familiecoach Miriam van Kreij in *Relax Mama in de keuken*, want dan creëer je een koningskind met privileges die te groot zijn voor die leeftijd.

In de ideale opstelling zitten de ouders naast elkaar. Tegenover hen komen de kinderen, met de klok mee van oud naar jong. Waarom juist die volgorde? 'De kinderen krijgen zo de plek aan tafel die past bij hun positie in het gezin,' aldus Teeling. 'Het geeft bovendien rust als de partners naast elkaar zitten, omdat ze onderling beter contact kunnen houden. En voor de kinderen is het fijn om de ouders gezellig samen te zien. Het is gek, maar het werkt echt.'

Hoe maak je van je kind een goede (in)slaper als je er zelf doorheen zit?

Heb je een kind dat moeilijk in slaap valt, dan snak je naar die ene gouden tip en kun je iedereen die met algemeen advies komt achter het behang plakken ('Een liedje zingen? Goh, nog niet aan gedacht'). Hoewel er online tientallen slaapmethoden te vinden zijn, is de kans groot dat je maanden maar wat aanklooit – juist omdát je zo kapot bent. Hoe maak je van je kind een betere (in)slaper als je zelf helemaal op bent?

Wat zeggen de deskundigen?

Vanaf een maand of zeven zou een baby in principe een hele nacht moeten kunnen doorslapen. Volgens sociaal-pedagoog Ruttien Schregardus kun je spreken van slaapproblemen als het slaappatroon van het kind het gezin in zijn geheel ontregelt. 'Ouders modderen vaak langer door dan goed voor ze is.'

Om families met slecht slapende kinderen van zes maanden tot zes jaar te helpen, schreef Schregardus bijna dertig jaar geleden een handzaam boekje dat nog door veel consultatiebureaus wordt gebruikt. Het werd opnieuw uitgegeven met de titel *Nachtbrekertjes. Doorslapen in drie weken.*

Iedereen kent de tips voor de nacht (niet te veel prikkels voor het slapengaan en een duidelijk slaapritueel), maar wat deze methode speciaal maakt, is dat Schregardus begint met te kijken wat er overdag in het gezin gebeurt.

'Toen ik in het Wilhelmina Kinderziekenhuis in Utrecht werkte, zag ik dat veel ouders de leiding aan hun hummeltjes hadden gegeven. Kinderen kregen veel keuze ("Wat wil je op je brood?"), weinig grenzen en ze werden kleine driftkikkertjes als ze wel een keer "nee" te horen kregen. Ik ontdekte dat kinderen beter slapen als ze overdag weten waar ze aan toe zijn.'

In haar slaapmethode staat de eerste week in het teken van het creëren van rust en duidelijkheid zodat opvoeders weer zelfvertrouwen krijgen. 'Geef positieve aandacht aan je kind en negeer ongewenst gedrag. Dat noem ik "liefdevolle autoriteit",' zegt Schregardus.

'Als je zoon met zijn schoenen op de bank klautert, verbied je het één keer en let je daarna, als hij het weer doet, niet meer op hem door naar de keuken te lopen. Als je het woordje "nee" tien keer gebruikt dan is het nog steeds een vorm van "ja". Die onduidelijkheid werkt 's nachts door.'

Hoe pak je het 's nachts aan?

'Vaak zijn er verkeerde patronen ingeslopen omdat je als vermoeide ouder geneigd bent de kortetermijnoplossing te kiezen,' vertelt Margreet de Ruiter, stafverpleegkundige Jeugdgezondheidszorg bij GGD Gelderland-Zuid en medeopsteller van de landelijke slaaprichtlijn voor kinderen.

In *Nachtbrekertjes* wordt de tip gegeven om alles wat je 's nachts bedenkt waardoor je je bed uit gaat, nu vóór het slapengaan te doen. 'Een slokje water, een stukje appel, een fopspeen? Geef ze allemaal nu. Leg desnoods een paar spenen extra in het bedje. Of zet een flesje met wat water in de hoek van het ledikant. Kinderen zijn vaak veel handiger in het vinden van wat ze nodig hebben dan je denkt.' Zo neem je alle twijfel weg.

'Kinderen maken zich niet druk om jouw nachtrust, dat moet je echt zelf doen,' zegt De Ruiter. 'Dat betekent dat je soms iets moet doorbreken en je kind moet laten huilen.'

Maar hoelang? Er zijn verschillende smaken om uit te kiezen: consequent niet naar je kind toe gaan of opbouwen: eerst na vijf minuten teruggaan, vervolgens na tien minuten. Het geheim van een succesvolle slaapmethode is dat ouders écht overtuigd zijn van de gekozen strategie. 'Je moet je hart volgen. Dat voelt een kind aan,' zegt De Ruiter. Dan is het een kwestie van drie dagen volhouden. Begin in het weekend. En o ja, licht de buren even in.

Wat doe je als je kind nachtmerries heeft?

Laatst vroeg ik mijn ouders of ze ergens spijt van hadden bij mijn opvoeding. Mijn moeder hoefde niet lang na te denken: ze vond dat ze mijn nachtmerries serieuzer had moeten nemen. Ik herinner me als achtjarige inderdaad hoe frustrerend het was dat ik mijn vrees niet kon overbrengen.

Veel kinderen hebben wel eens last van enge dromen. Uit onderzoek blijkt dat bijna de helft van de kinderen van acht tot tien jaar zes maanden of langer last heeft gehad van problemen met inslapen of van vreemde verschijnselen tijdens de slaap. Wat doe je dan als ouder? Is het verkeerd om er weinig aandacht aan te besteden, zoals mijn moeder, in de hoop dat de angsten niet groter worden?

Wat zeggen de deskundigen?

'Het is belangrijk om nachtmerries te onderscheiden van nachtelijke angst. Die twee worden makkelijk verward,' vertelt Frits Boer, emeritus hoogleraar kinder- en jeugdpsychiatrie van het AMC in Amsterdam. Nachtangsten vinden vooral in het begin van de nacht plaats tijdens de overgang tussen diepe en oppervlakkige slaap. Het kind schreeuwt en lijkt wakker, maar is dat niet. Zo'n aanval, die meestal enkele minuten duurt, wordt ook niet herinnerd.

'Je wilt je kind graag troosten wanneer het zo overstuur is,' zegt jeugdpsycholoog Tamar de Vos-van der Hoeven van Opvoedadvies.nl. 'Maar dat kan juist voor nog meer paniek zorgen. Kinderen met nachtangst slapen vanzelf verder. Sterker nog: ze hoeven zelf niet te weten dat die nachtangsten bestaan.'

Troosten is juist wél nodig bij nachtmerries, die plaatsvinden in de tweede helft van de nacht of de vroege ochtend tijdens de remslaap. Tijdens die slaapfase verwerken we de informatie die we gedurende de dag tot ons nemen. 'Het kan even duren voor het kind beseft dat de droom niet echt is gebeurd, waardoor het ook na het wakker worden nog een tijd angstig kan blijven', aldus Boer in zijn boekje *Slaapproblemen bij kinderen* (2011).

Nachtmerries zijn over het algemeen onschuldig. Als er ook vaak goede nachten zijn en het kind is overdag niet erg moe, dan is er niets aan de hand. Duiken er uit het niets veel nachtmerries op, dan is het slim te onderzoeken waar de bron van de angst ligt (zoals moeten wennen aan de peuterspeelzaal) en of die kan worden weggenomen.

Hoe moet het dan wel?

'Het heeft geen zin om tegen je zoon of dochter te zeggen: het is maar een droom,' meent De Vos-van der Hoeven.

Kleintjes kunnen geen onderscheid maken tussen realiteit en fantasie. 'Laat weten dat het veilig is, maar ga op dat moment niet uitgebreid in op de droom. Alles moet erop gericht zijn om het kind zo snel mogelijk weer te laten doorslapen.'

De volgende ochtend kun je wel kijken of je kind over de akelige droom wil praten. 'Stel vragen en ga het niet zelf invullen.' De Vos-van der Hoeven herinnert zich een moeder die tegen haar dochter zei dat die hond uit de droom vast heel eng was. 'Later bleek dat die hond het meisje juist hielp.'

Voor het slapengaan kun je samen drie leuke dromen verzinnen. Of het kind een manier laten bedenken hoe de monsters/draken/spoken weggejaagd kunnen worden, bijvoorbeeld met een speelgoedzwaard naast het bed. Ga je dan niet te veel mee in de griezels van je kroost? 'Het ís nou eenmaal hun realiteit. Je zegt er wel duidelijk bij: we weten allebei dat ze niet echt bestaan.'

De verleiding kan groot zijn om je kind snel bij je in bed te nemen, zodat de rust wederkeert. 'Probeer het toch niet te doen,' adviseert De Vos-van der Hoeven. 'Daarmee geef je het signaal dat het bij jullie veilig is, maar in de eigen kamer niet. Dat kan het begin zijn van grotere slaapproblemen.'

Goed tandenpoetsen zonder al te veel strijd

In de *Volkskrant*-rubriek 'Dit ben ik', waarin kinderen worden geïnterviewd, vertelde Jasmijn Bessem (9) waarom ze zo'n hekel heeft aan tandenpoetsen: 'Ik vind het saai, omdat je de hele tijd met je hand moet bewegen en met je andere hand doe je niks.' Ook voor ouders is het borstelen van kindertandjes een weinig geliefd klusje. Hoe maak je het poetsritueel plezieriger?

Wat zeggen de deskundigen?

'Van de vijfjarigen heeft 25 procent al gaatjes. Bij kinderen vanaf een jaar of tien zie je steeds vaker tanderosie door het drinken van zure drankjes,' zegt kindertandarts Marieke Schorer-Jensma, tevens voorzitter van de Nederlandse Vereniging voor Kindertandheelkunde. Wat gaat er fout? 'De twee geadviseerde poetsmomenten worden vaak niet gehaald. 's Avonds lukt wel, maar in de drukte van de dag wordt het poetsen in de ochtend vaak overgeslagen.'

Uit onderzoek van TNO blijkt dat de kans op gaatjes

groter is als de moeder laagopgeleid is. Van de vijfjarigen met een lage sociaal-economische status heeft 71 procent een gaaf gebit. Bij ouders met een hoger opleidingsniveau is dat 81 procent. 'Ouders die zelf niet naar de tandarts gaan, omdat ze het niet kunnen betalen, houden vaak ook hun kinderen weg,' vertelt Schorer-Jensma. 'Ze weten niet dat bij kinderen de tandarts wordt vergoed.'

Wellicht denken sommige vaders en moeders: ach, die melktandjes vallen tóch uit. 'Ouders beseffen misschien niet dat een ontstoken melktand net zo veel pijn doet als een grotemensentand. Bovendien kunnen de nieuwe tanden en kiezen eronder ook aangetast worden.'

De kans op gaatjes wordt kleiner als ouders de eet- en drinkmomenten beperken tot maximaal zeven per dag. Voedsel en drank veroorzaken elke keer een zuuraanval en de mond heeft tijd nodig om te herstellen. Water telt niet, maar gezonde tussendoortjes als appels, wortels en crackers wel. Laat liever geen antilekbeker met limonade rondslingeren in huis.

Nog even over die geadviseerde twee minuten borstelen: welk kind haalt dat? Schorer-Jensma legt de achterliggende gedachte uit: 'Je wilt de tandpasta zo lang mogelijk in de mond houden. Spoel daarom ook niet na met water, maar spuug de tandpasta alleen uit. De fluoride kan zo langer doorwerken en het glazuur herstellen.

Waar moet je nog meer op letten?

Een vraag op sociale media om tips leverde een bonte verzameling aan suggesties op, zoals het zingen van een liedje op de melodie van 'Vader Jacob': 'Tanden poetsen, tanden poetsen, op en neer, op en neer. Onder en boven, onder en boven, nog een keer, nog een keer.'

Om de kaken van elkaar te krijgen, kun je vragen of je kind een dier wil nadoen: een krokodil (mond wagenwijd open) of een kikkertje (wangen opzij trekken). Wat ook helpt is te benoemen wat je kind die dag heeft gegeten: ('Hier zie ik nog een stukje appel! En daar wat brood!')

Nog een originele vondst van een moeder: 'Bij onze dochter ging het een stuk beter toen ze na het poetsen ook "lippenstift" (Labello) op mocht.'

Er zijn trouwens ook talloze apps op de markt (zoals Disney Magic van Oral B, Glansje of My Teeth) die handig zijn om bij te houden of de aanbevolen twee minuten al voorbij zijn.

Moet je een protesterende dreumes in de houdgreep nemen, met het risico dat het poetsmoment een negatieve lading krijgt? Schorer-Jensma: 'Tweejarigen zeggen nou eenmaal snel nee. Ze willen ook niet aangekleed worden, maar je ziet nooit kinderen zonder kleren op straat. Poetsen hoort er gewoon bij.'

De negenjarige Jasmijn uit de rubriek 'Dit ben ik' komt ook met een tip: 'Mijn zus zet wel eens muziek op als we samen gaan tandenpoetsen. “Waka Waka” van Shakira is mijn lievelingsliedje. Het heeft een leuk ritme en dan dans ik mee.’

Helpen met huiswerk: hoe ver moet je gaan?

Met een puber thuis beleef je de middelbare school weer opnieuw. Helaas óók de stress rondom proefwerken, want je wilt liever geen onvoldoendes op de cijferlijst zien. De ene ouder ontpopt zich tot vlijtige bijlesleraar, de ander vindt dat een kind zijn eigen boontjes moet doppen. Is helpen met huiswerk verstandig of creëer je zo kinderen zonder verantwoordelijkheidsgevoel?

Wat zeggen de deskundigen?

Meer dan één op de drie scholieren ervaart druk door schoolwerk. Dat is een verdubbeling ten opzichte van 2001, bleek in 2018 uit het internationale Health Behaviour School-aged Children-onderzoek, in Nederland uitgevoerd door de Universiteit Utrecht, het Sociaal Cultureel Planbureau en het Trimbos Instituut.

Volgens deskundigen gaat het bij pubers vaak fout bij de planning. Vanuit de wetenschap is lange tijd gesteld dat dit komt doordat de prefrontale cortex, het deel van de hersenen waar zich de plannings- en controlefuncties bevinden, nog niet goed werkt. Maar dat is te simpel, meent Eveline Crone, hoogleraar neurocognitieve ontwikkelingspsychologie aan de Universiteit Leiden. Tieners gebruiken wel degelijk die voorhoofdskwab, maar doen dat eerder bij het zoeken van creatieve oplossingen dan bij gestructureerd nadenken. Het goede nieuws: juist met de organisatie van huiswerk kunnen ouders assisteren – ook zonder kennis van Duitse naamvallen en de stelling van Pythagoras.

Hoe werkt dat assisteren?

'Ga naast je kind zitten en log in op Magister, de elektronische leeromgeving waarmee bijna alle scholen werken,' adviseert puberdeskundige Marina van der Wal. 'Vraag wat er de komende drie weken moet gebeuren. Hak de stof in stukjes.' Omdat Magister weinig overzicht biedt, loont het om een papieren agenda te kopen – ook al wordt dat door tieners bestempeld als een bijna middeleeuws gebruik.

'Een gezonde puber is een ongehoorzame puber,' zegt Van der Wal. Ze zijn allergisch voor bemoeizucht. Uit grootschalig onderzoek van de Amerikaanse wetenschappers Keith Robinson en Angel L. Harris blijkt dat kinderen minder goed scoren op school wanneer de ouders erg betrokken zijn. Ze voelen zich opgejaagd en ervaren meer prestatiedruk.

De kunst is vooral veel vragen te stellen en geen dingen op te leggen, ook als zoon of dochter een 3 scoort. 'Kom niet met verwijten, maar probeer te achterhalen waar het fout is gegaan. Hebben ze de lessen wel gevolgd? Het huiswerk laten nakijken? En vraag: hoe ga je meer onvoldoendes voorkomen? Je zult verbaasd zijn hoe vaak ze zelf met verstandige oplossingen komen. We moeten pubers niet onderschatten.'

Volgens Van der Wal is het een absolute no-go om je kind uit de brand te helpen door dat werkstuk zelf te maken of je kind ziek te melden. 'Daar leren ze niets van. Dan gaan ze dat later als werknemer ook doen. Juist in de puberteit leren kinderen doorzetten – ook als het niet leuk is.' Dus moet je lijdzaam toezien dat je kind blijft zitten? 'Ja, maar voorkomen is natuurlijk beter.'

Huiswerkcoach en puberdeskundige Ankie Remijn werkt in haar praktijk in Delft met de pomodoro-techniek: 25 minuten geconcentreerd werken en dan 5 minuten pauze. Bedenker van deze methode, de Italiaan Francesco Cirillo, gebruikte hiervoor een kookwekker in de vorm van een tomaat, vandaar de naam. Pubers onthouden de leerstof zo beter.

Volgens Remijn moeten ouders SLIM zijn: steunen, leidinggeven, inspireren en motiveren. Vooral dat laatste is belangrijk. 'Visualiseer met je kind waar ze het voor doen, op de korte en lange termijn, bijvoorbeeld met behulp van een moodboard. Een jongen uit mijn praktijk koos een plaatje van een tompouce en een foto van Harvard. Bij een goed cijfer ging hij met zijn ouders gebak eten, en hij wilde later graag studeren in Amerika.'

Kinderen spelen minder buiten. Houden we ze te veel binnen?

Bij guur weer is de verleiding groot om met de kinderen binnen een legotoren te gaan bouwen en, vooruit, ook een filmpje te kijken. Maar doe je daar niet meer kwaad mee dan goed? Drie op de tien kinderen spelen nooit of slechts één keer per week buiten, zo blijkt uit een enquête van onderzoeksbureau Kantar in opdracht van Jantje Beton. Slechts 14 procent van de kinderen tussen de zes en twaalf jaar speelt elke dag buiten; vijf jaar geleden was dat nog 20 procent. Houden we onze kinderen te veel binnen? En zijn vrieskou en regen niet gewoon een slap excuus?

Wat zeggen de deskundigen?

Buitenspelen is goed voor de cognitieve, fysieke en emotionele ontwikkeling van een kind. Onderzoekers van de universiteiten in Leiden en Lissabon bestudeerden kinderen op het schoolplein en zagen dat als kinderen de gelegenheid krijgen vrij te spelen, ze beter zijn in het oplossen van conflicten en het herkennen van emoties bij hun speelmaatjes. 'Ze worden socialer,' zegt orthopedagoog Louise Berkhout.

Maar juist het vrije spelen in de buitenlucht komt in de verdrukking, meent Berkhout. 'We laten kinderen niet meer gewoon hun gang gaan. Ouders en leraren zijn bang dat hun iets overkomt.' Tijdens haar promotieonderzoek aan de Rijksuniversiteit van Groningen bestudeerde Berkhout 47 kleuterklassen op twintig scholen tijdens het spelen. Uit video-opnamen blijkt dat kinderen vaak pas na twintig minuten helemaal in hun spel zitten. 'Geef je ze tien minuten, dan ontstaat er zelden echt spel.'

Nog beter dan een klassieke speeltuin is het bos of een braakliggend terrein in de stad. 'Door met takken te sjouwen of iets te bouwen, verkennen ze hun fysieke mogelijkheden. Het zijn zintuiglijke, lijfelijke ervaringen die je niet van een app leert.'

Waarom spelen kinderen eigenlijk zo weinig buiten? Het is gemakkelijk om het tv- of tabletscherm als boosdoener te zien. Maar volgens deskundigen ligt het probleem bij de houding van de ouders. 'Het begint met inzien hoe belangrijk het is om naar buiten te gaan', zegt pedagoog Annet Weterings, auteur van *Horen en zien, ruiken, voelen, proeven. Natuurbeleving in de opvang* (2010). 'Binnenkinderen bestaan niet. Het gedrag van papa en mama geldt als voorbeeld, dus als jij zegt: hè bah, regen, dan neemt je kind dat over. En jonge kinderen zijn natuurlijk afhankelijk van hun ouders, die moeten tijd maken.'

Hoeveel tijd dan? De Nederlandse Norm Gezond Bewegen voor mensen onder de achttien staat op minimaal één uur per dag. 80 procent van de kinderen haalt die norm niet. Caroline Klaver, hoogleraar oogheelkunde aan het Erasmus Medisch Centrum, raadde aan om dagelijks twee uur buiten te spelen om de ogen van kinderen te sparen. Bijziendheid neemt fors toe door het kijken op schermpjes waardoor er te weinig afwisseling met kijken in de verte is.

Hoe kan het anders?

'Er bestaat geen slecht weer, alleen slechte kleding,' aldus Weterings. Met een goed skipak, regenkleding en laarzen aan kan een kind altijd naar buiten. Ouders vinden het soms zielig of denken dat hun kroost ziek wordt. 'Juist niet. Door veel buiten te zijn, bouwen ze een betere weerstand op,' zegt zij. Op veel Scandinavische crèches slapen de kinderen zelfs buiten in speciale hokken, en ook op Nederlandse kinderdagverblijven wordt hiervan gebruikgemaakt.

Het vergt natuurlijk wel wat overredingskracht om een kind enthousiast te krijgen de kou of regen in te gaan. Van 'we gaan wandelen' worden de meeste kinderen niet dolenthousiast. 'Maak het spannend. Stel voor een speurtocht te gaan doen,' adviseert Weterings. 'Neem een vergrootglas en een plastic tas mee om stenen en kastanjes te verzamelen.'

Grote kans dat moeders en vaders ontdekken dat naar buiten gaan tóch niet zo veel gedoe is. Ja, die kleine ledematen in schoenen en handschoenen proppen kost even moeite, maar eenmaal in de frisse lucht heb je geen kind aan je kind. Het amusement ligt er gratis voor het oprapen. Kun jij ook eens ontspannen. En neem vooral een thermosfles warme koffie of thee voor jezelf mee.

Welke hygiëneregels zijn echt het volgen waard?

Toen er een terras vol zonaanbidders meekeek, werd ik me ervan bewust dat ik zo'n smerige moeder was geworden die ik vroeger met verbijstering gadesloeg: de speen die op de grond was gevallen, sabbelde ik schoon voordat ik 'm terugschoof in de mond van mijn zoon en bij gebrek aan een zakdoek kneep ik mijn dochters snottebel weg – tussen wijsvinger en duim. Praktische oplossingen, maar terugdenkend aan de tijd dat ik nog braaf flesjes en speentjes uitkookte, vroeg ik me af: waar moet je écht op letten bij de hygiëne van je kroost?

Wat zeggen de deskundigen?

'Je wilt dat kinderen opgroeien in een schone omgeving, maar ouders moeten niet doorschieten. Kinderen moeten in contact komen met bacteriën voor het opbouwen van hun weerstand,' aldus Peter Molenaar, deskundige infectiepreventie van het Rijksinstituut voor Volksgezondheid en Milieu. 'Desinfecterende doekjes zijn bijvoorbeeld echt niet nodig. Water en zeep is voldoende.'

Dit idee sluit aan bij de hygiënehypothese die stelt dat kinderen tegenwoordig vaker astma en allergieën krijgen omdat ze in een te steriele omgeving verkeren, waardoor ze niet meer met goede bacteriën in contact komen. Maar het huis expres vies houden om de weerstand van je kroost op te krikken, gaat te ver, zegt Molenaar. 'Zeker bij kleine kinderen is het immuunsysteem nog in ontwikkeling en dus moet je oppassen. Als je kinderen leert om hun handen te wassen op de juiste momenten – ná de wc en vóór het eten – dan kun je al heel trots zijn. En niezen doe je in de holte van je elleboog.'

Kan dat speentje aflikken kwaad? Nee. Amerikaans onderzoek liet zien dat kinderen mogelijk beter beschermd zijn tegen allergieën als ouders de speen schoonlikken. Door de onschuldige mondbacteriën die dan worden overgedragen, kan het afweersysteem beter worden afgesteld. Ouders hoeven niet bang te zijn om via de mond schadelijke infecties over te brengen. Door al het andere lichamelijke contact, zoals knuffelen en kusjes, zijn de microben al bekend. Bij het kind van een ander kun je je beter inhouden. Molenaar: 'Er zwerven meer dan honderd soorten verkoudheidsvirussen rond, dus de kans op besmetting met een nog onbekend virus is zeer aanwezig.'

Waar moet je op letten?

Veel hygiënemisvattingen komen samen tijdens het badritueel. 'In reclames en op sociale media zie je moeders die dagelijks met hun baby badderen, in een soort minispa met gezellige bubbels,' vertelt dermatoloog Marjolein Leenarts. Uit eigen onderzoek onder ruim duizend ouders blijkt dat één op de vier zich slecht voelt als ze hun kind niet elke dag in bad doen. 'Dagelijks badderen is niet nodig. Sterker: badwater droogt de huid uit. En schuimende douchegel lost ook de beschermende huidvetten op.'

Het consultatiebureau hanteert de richtlijn van drie keer badderen per week. De meeste avonden volstaat het washandje bij de wasbak. Gezichtje en handen afnemen en klaar. 'Pas vanaf negen à tien jaar worden de zweetklieren in de oksels actiever en kunnen kinderen last van geurtjes krijgen,' aldus Leenarts.

Er zijn ouders die zweren bij een dagelijks badritueel omdat kindlief er zo rustig van wordt. 'Als het gezin er goed bij gedijt, maak het water dan niet te warm en doe er olie in. Dep de huid droog en smeer in met een vette crème.' Ouders gaan vaak de mist in met huidproducten, ziet Leenarts. 'Ze denken: het is een kinderproduct dus zal het wel parfumvrij zijn. Gebruik je neus. Ruikt het lekker? Dan zit er parfum in. En veel contactallergisch eczeem wordt veroorzaakt door die geurstoffen.'

Voor de ouders die nog speentjes en flesjes uitkoken: 'Bij heet water stollen de eiwitten, waardoor het vuil juist aankoekt,' zegt Molenaar. 'Altijd eerst met lauw water afspoelen voordat je met het uitkoken begint. En de vaatwasser werkt trouwens ook prima.'

In gesprek met Klaas Dijkhoff

'Ik vind dat mijn kinderen best mogen zien dat ik een mens ben'

VVD-fractievoorzitter Klaas Dijkhoff (1981) heeft samen met zijn vrouw Anouk twee dochters, Linde (2017) en Amber (2019). Het gezin woont in Breda.

Ben je veranderd sinds je vader bent?

'Ik kom uit een echt jongensgezin met twee broers en een pa die militair was – genoeg testosteron in huis. Nu ik twee dochters heb, ga ik toch anders nadenken over maatschappelijke issues. Eerst vond ik ook wel dat er meer vrouwen in topfuncties moesten komen, maar dat was vooral rationeel. Nu zit er meer gevoel bij.'

Hoe is dat, als man in een vrouwenhuis?

'Ik heb een week of zeven gedacht dat de tweede een jongetje zou worden. Dat was ons verteld toen we een pretecho lieten maken. Bij de echo erna bleek het een meisje. Dat was even schakelen. Je vormt een beeld van een persoontje, een zoon, maar die blijkt niet te bestaan. Maar het is niet dat ik dacht: nu kan ik niet met mijn kind naar voetbal, dat is niet meer van deze tijd. Ik ga mijn dochters zo opvoeden dat zij dat ook willen. Ze krijgen binnenkort een PSV-shirt en mogen gewoon mee.'

Je vader was vanwege zijn werk als militair vaak van huis. Heeft dat jou beïnvloed in hoe je nadenkt over jouw aanwezigheid thuis?

'Misschien onbewust wel. Ik denk dat ik minder snel zeg: doe mij maar een week lang dat interessante werkbezoek in het buitenland.'

Wat is jouw favoriete gezinsmoment in de week?

'Het stoeien, knuffelen en spelen als ik aan het eind van de dag thuiskom. Dat is het leukste en er is niet veel voor nodig.'

Lukt het jou om werk direct los te laten?

'Soms zit mijn hoofd nog vol. Maar ik neem soms bewust mijn telefoon niet op, zodat ik met mijn volle aandacht huis kan zijn. Mijn oudste dochter doet mij geregeld na. Dan pakt ze haar speelgoedtelefoon. "Met Klaas," zegt ze, precies zoals ik dat doe.'

Je hebt een drukke baan. Heb jij manieren om werk en privé gescheiden te houden?

'De uren zijn bij mij niet zozeer het probleem. Maar het kan zijn dat er onverwachts veel spanning ontstaat, doordat er druk is vanuit de media. Als ik iets heb gezegd wat niet briljant valt bijvoorbeeld. Dat is lastig. Als ik dan thuis ben, ga ik expres extra leuke dingen doen met de kinderen, naar het speelgoedmuseum of de kinderboerderij. Om ervoor te zorgen dat ik niet afgeleid raak. Soms moet je kort bellen om te overleggen. Maar ik zit liever tien minuten aan de telefoon kijkend naar een geitje, dan de hele dag thuis met die stress.'

Hoe is de verdeling bij jullie thuis?
'Ik heb minder "opvoeduren" vanwege mijn baan, en dus heb ik het gevoel dat ik streng moet zijn als thuis ben, anders moet mijn vrouw altijd diegene zijn. Deze pak ik even, is dan de gedachte. In het creatieve gedeelte ben ik helemaal niet goed. Je kunt mij een uur lang klei geven, maar het blijft klei. Als ik stoepkrijt met mijn dochter is haar tekening al snel mooier dan die van mij, wat weer goed is voor haar zelfvertrouwen.'

Ik begreep dat jij vroeger nooit handvaardigheid hebt gehad.
'Ik ging iedere week een halve dag naar een soort nerdklasje voor hoogbegaafde kinderen, wanneer de rest van de klas handenarbeid had. Maar ik denk niet dat ik Picasso was geworden als ik wel aanwezig was geweest. Het zit er gewoon niet in.'

Heb je nog tips of opvoedhacks voor andere ouders?
'Alles wat je doet, krijg je terug. Dat vind ik komisch. Als ik één keer tijdens het eten zeg: "Nog drie happen", dan

stelt Linde dat de volgende keer zelf voor aan het begin van de maaltijd. “Nog drie happen, papa.”

Ik vind dat mijn kinderen best mogen zien dat ik een mens ben. Ik ben mijn geduld wel eens verloren, als de vierde hap eten wéér op de vloer eindigde en het sowieso al een drama was. Je moet natuurlijk niet fysiek worden, dat zou nergens op slaan, maar het kan gebeuren dat je boos wordt als de een huilt en de ander totaal niet meewerkt. En daarna zeg je: sorry. Dat is denk ik beter dan alles opkroppen.’

2

Hoe je je relatie (en die met oma, opa en de oppas) een beetje leuk houdt

Wat nou als je (soms) geen zin hebt in het ouderschap?

In de film *The Escape* (2017) zien we een moeder die maar weinig in vrouwenbladen en opvoedboeken opduikt: fulltimemoeder Tara vindt haar leven met kinderen niets aan. 'Ik geef niet om ze,' zegt ze in een pijnlijke scène tegen haar man. 'Het maakt me niet uit als ze hun eten niet opeten of als ze vallen. Het maakt me niks uit of ze wel of niet naar school gaan. Ik dwing mezelf om erom te geven. Ik dwing mezelf om grappig te zijn en gelukkig. Ik denk dat ze me haten.' Ze vlucht in haar eentje naar Parijs.

Weinig mensen gaan zover als Tara, maar met een dreinende kleuter of losgeslagen puber in huis zullen veel ouders beamen dat het ouderschap soms geen pretje is. Wat doe je wanneer je het gevoel hebt dat alle leuke dingen des levens je zijn ontnomen sinds de kinderen er zijn?

Wat zeggen de deskundigen?

Uit Duits onderzoek onder ruim tweeduizend volwassenen blijkt inderdaad dat het geluksgevoel van ouders afneemt na het stichten van een gezin. Om precies te zijn:

gemiddeld 1,4 punt op een schaal van tien. Bijna eenderde heeft nergens last van, terwijl bijna 17 procent zelfs minstens drie gelukspunten inlevert. Dit dalende geluksgevoel heeft volgens deskundigen niet zozeer met de kinderen zelf te maken, als wel met bijverschijnselen, zoals een minder passievol huwelijk en weinig vrije tijd.

Onderzoek van het Sociaal Cultureel Planbureau liet zien dat 58 procent van de moeders en de helft van de vaders het ouderschap zwaarder vindt dan ze van tevoren hadden gedacht. Een verklaring is dat het combineren van zorg en werk een ingewikkelde puzzel is. Vrouwen blijven steeds vaker evenveel uren werken nadat ze voor het eerst moeder zijn geworden. Tien jaar geleden waren dat vier op de tien vrouwen, nu zijn dat er zes op de tien.

Ouders zijn meer gaan werken, brengen meer tijd door met hun kinderen (wat vaak ten koste gaat van tijd voor zichzelf) en, zo blijkt, zijn onzekerder of ze het wel goed doen; niet bepaald het ultieme recept voor geluk.

Het is merkwaardig, zegt socioloog Christien Brinkgreve, dat ouders niet te horen krijgen wat het ouderschap echt inhoudt. 'Er zijn twee hardnekkige verhalen: het sprookje dat een kind je het allergrootste geluk brengt en de nachtmerrie dat het loodzwaar is. Ik ben verbaasd dat er geen mengvorm is. Het ouderschap biedt veel, maar het kost ook veel, zoals meer dingen in het leven.'

Wat kun je eraan doen?

Volgens Brinkgreve heeft de nieuwe generatie ouders meer moeite met het opgeven van hun vrijheden. 'Laat je het gevoel los dat je altijd recht hebt op reizen en naar de film gaan, dan scheelt dat al een hoop.' Bedenk dat het een fase is, die ook weer voorbijgaat. 'De band die ik had met mijn kinderen woog zwaarder dan de nadelen van tijdgebrek en slaaptekort. Het verloste mij ook van existentieel getob over de zin van het leven.'

Meer tijd voor jezelf hoeft niet altijd een vlucht wég van de kinderen te zijn. Klinisch psycholoog Susan Bögels, auteur van *Mindful opvoeden in een druk bestaan* (2017), deed thuis de leerkracht van haar zoontje na, die soms in het lokaal een bord ophing met VERBODEN TE STOREN. Haar kinderen leerden dat hun moeder op zaterdagochtend een uur niet aanspreekbaar was terwijl ze haar koffie dronk en de krant las.

'Opvoeden lijkt een to-dolijst geworden, iets waar we succesvol in moeten zijn zoals in onze carrière,' schrijft Bögels. Volgens haar wordt het ouderschap minder zwaar als je een onderscheid maakt tussen to-do- (wat moet er gebeuren) en to-bemodus (het gewoon laten zijn). Dat klinkt zweverig, maar zelf maakt ze het concreet door naast haar takenlijst ook een to-belijstje te maken. Scheelt je wellicht een treinticket naar Parijs en een huwelijkscrisis.

Hoe houd je je relatie leuk tijdens de tropenjaren?

Zelfs bij de Obama's gaat het ouderschap gepaard met gekibbel, las ik tot mijn grote vreugde in Michelle Obama's autobiografie *Mijn verhaal*. Toen hun dochters nog klein waren, was Barack senator in een andere staat. ''s Avonds was ik gesloopt en kreeg ik ruzie met mijn nachtbrakerman, die op donderdagavond naar verhouding fitter uit Springfield terugkwam en zich helemaal in het gezinsleven wilde storten,' schrijft ze.

In wat we de 'tropenjaren' zijn gaan noemen – die slopende periode met kleine kinderen – is het vrij eenvoudig om de romantiek in te ruilen voor ruzies over wie Nutrilon had moeten kopen. Hoe houd je je relatie leuk?

Wat zeggen de deskundigen?

'Uit onderzoek weten we dat mensen minder tevreden zijn over hun relatie na het krijgen van een kind,' zegt Esther Kluwer, bijzonder hoogleraar Duurzame Relaties en Welzijn van de Radboud Universiteit. Dat geldt voor alle mensen die lang bij elkaar zijn, maar voor jonge ouders is die daling abrupter. Partners hebben vaker conflicten en zijn minder blij met hun seksleven. 'Een kind vraagt aandacht, tijd en energie. Die aandacht besteed je niet meer aan de partner.'

Studie wijst bovendien uit dat ouders minder goed in staat zijn constructief met conflicten om te gaan. 'We zien dat de zelfcontrole afneemt bij jonge ouders, vooral bij moeders,' vertelt onderzoeker Manon van Scheppingen van de Universiteit van Amsterdam. 'We denken dat dit komt door het slaapgebrek en het combineren van alle nieuwe taken.'

Voor dit alles geldt: was de relatie vóór de kinderen goed, dan kun je best wat hebben. Ruziënde koppels daarentegen krijgen het nog zwaarder, tussen de luiers.

Hoe houd je het fijn samen?

'Je ziet vaak dat de relatie onder aan het prioriteitenlijstje komt,' zegt Kluwer. Niet slim. Neem afscheid van het idee dat romantiek spontaan moet zijn.'Plan met z'n tweeën een date. Kinderen zijn er ook niet bij gebaat als ouders emotioneel van elkaar verwijderd raken.' Het eventuele schuldgevoel over een weekendje weg kun je dus prima pareren onder het mom 'dit is heel goed voor de kinderen'.

Stellen die de tropenjaren goed doorkomen, managen hun verwachtingen, weet relatietherapeut Susanne Donders uit haar praktijk. 'Dan maar even geen uitgebreid sociaal leven en niet dat mooie huis kopen. Het gezellig houden met elkaar krijgt voorrang. De rest komt wel weer.'

Donders, die het boek *Een baby erbij en samen gelukkig blijven* (2011) schreef, ziet dat ouders vaak langs elkaar heen gaan leven en bijvoorbeeld nooit meer op dezelfde tijd naar bed gaan. 'Wanneer je niet meer écht praat, groeien de verwijten. Je creëert een vijandig beeld van de ander in je eenzame hoofd.'

'Humor en relativeringsvermogen zijn de eerste dingen die sneuvelen bij weinig slaap,' zegt Donders. Wellicht helpt het om jezelf tijdelijk als verminderd toerekeningsvatbaar te zien en dus géén conclusies ('we gaan scheiden!') te verbinden aan deze pittige fase.

In haar boek *How Not to Hate Your Husband After Kids* (2018) geeft de Amerikaanse journalist Jancee Dunn een tip die ze omschrijft als 'niet op het cadeau plassen': wanneer je partner een leuk avondje uit heeft, verpest het dan niet door chagrijnig te reageren als hij/zij thuiskomt.

Michelle Obama leerde een belangrijke les tijdens relatietherapie: 'Ik was te veel bezig het Barack kwalijk te nemen dat hij work-outs in de sportschool in zijn agenda opnam, om te bedenken hoe ik ook zelf regelmatig naar de sportschool kon gaan.' Misschien is dat het geheim: als ouders moet je elkaar veel gunnen, maar ook je eigen geluksmomenten opeisen.

Eerste hulp bij ruzie over de opvoeding

Mag de televisie 's morgens aan? Moeten alle bietjes worden opgegeten? Wat is een 'normaal' zakgeldbedrag? Zomaar een greep uit de dilemma's die elk ouderpaar voor zijn kiezen krijgt. En echt niet dat partners overal dezelfde mening over hebben. Wat doe je dan: een potje ruziemaken of je verlies nemen ten faveure van de gezinsharmonie? En hoe erg is het eigenlijk als ouders niet op één lijn zitten?

Wat zeggen de deskundigen?

De Amerikaanse ontwikkelingspsychologe Diane Baumrind ontdekte dat er grofweg vier opvoedstijlen zijn: autoritair, autoritatief, permissief en verwaarlozend. Westerse pedagogen zijn het erover eens dat een autoritatieve opvoeding, die tussen een autoritaire ('omdat ik het zeg') en een permissieve ('alles mag') opvoedstijl in zit, het beste is. Deze vaders en moeders stellen duidelijke grenzen die ze onderbouwen met argumenten, maar ze houden tegelijkertijd oog voor de behoeften van het kind.

'Kinderen die ten minste één autoritatieve ouder hebben, doen het beter op school en hebben meer sociale vaardigheden,' zegt Geertjan Overbeek, hoogleraar pedagogiek aan de Universiteit van Amsterdam. Oftewel: is er één ouder met de juiste opvoedskills, dan ben je al een heel eind. Lange tijd dachten deskundigen dat het schadelijk was voor het kind als ouders van mening verschilden over de regels. Kinderen zouden er onzeker van worden of ouders tegen elkaar uitspelen. 'Maar onderzoek laat zien dat, met uitzondering van de extreme gevallen, inconsistentie tussen ouders géén negatieve consequenties heeft voor de kinderen,' aldus Overbeek. 'Het is dus niet erg als ze van papa een uur tv mogen kijken en van mama twee uur.'

Veel schadelijker is het als de vader of moeder zélf inconsistent is, zegt Overbeek. 'Wanneer ik als vader de ene keer poeslief ben en vervolgens ziedend, dan is het moeilijk voor een kind om zich te hechten.'

Uit onderzoek blijkt dat driekwart van de ouders dezelfde opvoedstijl koestert. Iets wat de kans op zware conflicten uiteraard verkleint. Dat is voor een groot deel te danken aan selectie: je kiest iemand uit die aansluit bij het eigen gedachtegoed. Maar dat niet alleen. Tijdens het opvoeden kijk je de kunst bij elkaar af. Al opvoedende beïnvloed je elkaar dus ook. Een andere factor die bepalend is voor onze opvoednormen is de eigen jeugd. 'Dat hoeft niet altijd kopieergedrag te zijn,' zegt Micha de Winter, hoogleraar pedagogiek aan de Universiteit van Utrecht. 'Je ziet ook dat ouders het zelf juist helemaal anders willen doen.'

Wat doe je bij ruzie?

'De kans dat je qua opvoeding helemaal op één lijn zit, is zeer klein,' aldus De Winter. 'Je moet streven naar consistentie, maar je bent nou eenmaal twee verschillende mensen. Dat kun je ook best uitleggen, zo leren kinderen dat mensen verschillend zijn. Bijvoorbeeld: papa kan wat beter tegen rommel dan mama, dus moeten jullie voor haar de kamer altijd netjes opruimen.' De maatstaf is dat het begrijpelijk moet blijven voor kinderen, vindt De Winter. 'Als de ene ouder zegt dat Jantje alleen naar school mag lopen en de ander vindt van niet, dan is dat verwarrend.'

'Opvoeden is een strijdtoneel, met je kinderen, maar ook met je partner,' vervolgt hij. 'Het zou mooi zijn als we dat normaler gaan vinden en onderling durven te bespreken.' Dat gebeurt volgens hem nog te weinig. 'Vroeger bepaalde de zuil waartoe je behoorde aan welke regels een kind werd onderworpen. De dominee vertelde en de ouders luisterden. Door de individualisering moeten we het allemaal zelf uitzoeken. Als ouders het een keer oneens zijn met elkaar denken ze direct: o god, dit is fout. Probeer het een beetje uit de relationele sfeer te houden. Laten we het niet te zwaar maken.'

Schakelen we opa en oma te vaak in als gratis crèche?

Achter elke succesvolle man staat een sterke vrouw, luidt het gezegde. Een actuele variant zou zijn: achter elke succesvolle ouder staan een sterke opa en oma. Want het is geen geheim dat menig jong gezin de wekelijkse opvangpuzzel alleen rondkrijgt dankzij de vaste oppasdag(en) van de grootouders.

Prima oplossing, toch? Dat valt te bezien. Een poos terug doken er alarmerende nieuwsberichten op over afgepeigerde oma's. Vragen vaders en moeders te veel van hun ouders? En hoe maak je goede afspraken?

Wat zeggen de deskundigen?

Zo'n 80 procent van de Nederlandse grootouders past wel eens op de kleinkinderen; ongeveer een derde van de opa's en oma's doet dat minimaal wekelijks. Volgens socioloog Fleur Thomése is dat aanmerkelijk minder dan in veel andere Europese landen. 'Dat komt door de goede beroepsmatige opvang in Nederland en het gegeven dat veel moeders in Nederland parttime werken en dus meer thuis zijn. Vooral in Zuid-Europa zijn oma's vaak dagelijks bij hun kleinkinderen.'

Toch zijn grootouders ook hier een spil in het jonge gezin. Was er vroeger sprake van een incidenteel logeerpartijtje, nu springen opa's en oma's op structurele basis bij. Vanwaar die verschuiving? Allereerst zijn de gezinnen kleiner, waardoor het aantal kleinkinderen behapbaar is. Grootouders zijn langer fit en meer moeders werken. Daar komt bij dat kinderdagverblijven duur zijn en dat de meeste mensen vinden dat een kind geen vijf dagen op de crèche thuishoort.

Maar de invloed van grootouders gaat nog verder. In families waar opa en oma vaak bijspringen, is de kans op gezinsuitbreiding bijna twee keer zo groot als in gezinnen waar dat niet gebeurt, bleek uit een volgstudie naar 182 grootouders van de Vrije Universiteit in Amsterdam. 'Onze resultaten zijn in lijn met de grootmoederhypothese,' zegt Thomése, die betrokken was bij het onderzoek. Volgens die theorie hebben vrouwen na de menopauze wel degelijk een evolutionaire functie: ze vergroten de levenskans van hun kleinkinderen door hen te verzorgen.

Zijn oma's en opa's inderdaad overbelast? 'Het is zeker niet alleen een roze verhaal,' vertelt Thomése. 'Gepensioneerde ouders voelen veel druk om hun kinderen te helpen. Als ik lezingen geef over dit onderwerp, hoor ik dat het niet altijd vrijwillig gaat. Sommige ouderen denken: ik heb mijn steentje al bijgedragen.' Uit een studie in wetenschappelijk tijdschrift *Evolution and Human Behavior* blijkt dat zorgende grootouders langer leven. De onderzoekers hielden rekening met beïnvloedende factoren, zoals fysieke gezondheid. Let wel: grootouders die zich dagelijks bekommeren om de kleinkinderen, hebben juist méér gezondheidsproblemen.

Waar moet je rekening mee houden?

Opa's en oma's moeten zich goed realiseren waaraan ze beginnen, waarschuwt journalist Anneke Groen, die samen met socioloog Herman Vuijsje het boek *Eindeloos ouderschap. Zorgen voor je kinderen houdt nooit meer op* (2016) schreef. 'Je zit er al snel jaren aan vast, want je kunt niet bij je zoon wél babysitten en bij je dochter niet.' Wat Groen trof, was de vanzelfsprekendheid van beide kanten. 'Grootouders willen helpen en kinderen rekenen erop. Zelf zou ik het nooit aan mijn moeder hebben durven vragen. De band tussen de generaties is nu opener en vriendschappelijker.'

Er is een gouden regel waaraan grootouders zich moeten houden, vindt Groen. 'Geef geen kritiek op de opvoeding. Een hoofdstuk van ons boek heet "Slikken, zwijgen en schenken". Dát is de taak van oma en opa.' Dat kan lastig zijn. Want met een vaste babysitdag komt oma niet langer weg met pure verwennerij, maar mee-opvoeden mag ook niet. 'Het is daarom goed om verwachtingen uit te spreken en duidelijke afspraken te maken. Vaak begint men daar te laat mee.'

Om af te sluiten nog een kleine mededeling: dit stukje

tekst kon alleen tot stand komen dankzij de vaste oppasdag van mijn eigen ouders.

Hoe laat je een stiefgezin slagen?

Het weinig opbeurende feit dat één op de drie huwelijken strandt kennen we. Maar het samengestelde gezin dat daar vaak op volgt, bestaande uit twee nieuwe partners met hun (stief)kinderen, heeft nóg minder kans van slagen: bijna tweederde haalt de eerste vijf jaar niet. Bekijk één aflevering van de Zweedse Netflix-serie *Bonusfamiljen* (aanrader!) en het wordt direct pijnlijk duidelijk hoe lastig het is om een goede stiefouder te zijn.

Het is een probleem waar behoorlijk wat Nederlanders mee kampen, want volgens het Centraal Bureau voor de Statistiek wonen er ruim honderdvijftigduizend stiefgezinnen in Nederland met bijna driehonderdduizend stiefkinderen. Waarom gaat het zo vaak mis?

Wat zeggen de deskundigen?

Een klassieke beginnersfout is dat de volwassenen te hard van stapel lopen. Ze zijn verliefd en willen dolgraag samenzijn. 'Moeder of vader denkt na een pijnlijke scheiding: en nu is het mijn tijd, ik heb recht op liefde,' zegt

Gideon de Haan, mediator, gezinscoach en co-auteur van het boek *Stiefsucces* (2018). 'Maar er zijn kinderen in het spel die verdrietig zijn omdat ze iets zijn verloren. Zij hebben niet de compenserende emotie van het verliefd zijn en koesteren loyaliteit naar de andere ouder.' In een korte tijd grote stappen nemen, zoals binnen een halfjaar met elkaar in één huis gaan wonen, is daarom geen goed idee.

Maar hoe weet je als stiefouders dat het te snel gaat? 'De kunst is goed luisteren naar de kinderen,' adviseert De Haan. 'Achter een zinnetje als "ik vind het gezelliger als we gewoon met z'n drieën eten", dus zonder de nieuwe partner, kan veel zitten. Doorvragen als ouder is nodig, ook al zijn de antwoorden je niet welgelegen.'

Volgens filosoof Corrie Haverkort, auteur van het boek *Van woede naar redelijkheid. Emoties, dilemma's en erkenning bij scheiden, nieuwe partner en samengesteld gezin*, is er een duidelijk criterium om te weten of je klaar bent voor het samenvoegen van de twee gezinnen. 'Pas als je de kinderen van je partner niet alleen kunt verdragen, maar ook echt om hen kunt geven. Dat je met liefde een vieze luier verschoont, kots opruimt, een kind met zweterig hoofdje in bed neemt en bij een woede-uitbarsting kunt denken: ach, ja, die doet nu even zo. Het gaat om dat milde gevoel.'

Maar ook als er met geduld naar een samengesteld gezin is toegewerkt, kan de praktijk weerbarstig zijn. 'In het begin is het verenigen van twee gezinsculturen nog interessant, maar als de nieuwigheid eraf is, wordt het moeilijk,' zegt Haverkort. 'Voor kinderen voelen andere taal- en eetgewoontes al snel als verraad van het gezin waar ze ooit deel van uitmaakten.' Volgens Haverkort is de reden dat het stiefgezin het vaak niet redt duidelijk: de kinderen. 'Ouders zijn vaak verbaasd over hoe complex dat vraagstuk is. Het moeilijkste punt is het opvoeden van elkaars kind.'

Waar moet je op letten?

Om misverstanden te voorkomen heeft Haverkort 'Het stiefouderschapsplan' ontwikkeld met daarin achttien onderwerpen die je vooraf met elkaar moet bespreken. Zoals: wie wordt de hoofdopvoeder en de mee-opvoeder? En wat is de positie van de ex-partner die de andere ouder is van het kind?

Een samengesteld gezin hoeft niet altijd *one big happy family* te zijn. Ouders zijn soms terughoudend om alleen met hun eigen kinderen iets te ondernemen, bang om de stiefouder of stiefkinderen buiten te sluiten, merkt De Haan. En ook stiefouders durven vaak niet te zeggen dat ze ruimte alleen nodig hebben, ze zijn immers zélf in het nieuwe gezin gestapt. De Haan: 'Je moet vooral niet verkrampt raken. Je kunt als stiefvader of -moeder prima zeggen: gaan jullie lekker samen naar de dierentuin, dan heb ik bij terugkomst de pannenkoeken klaarstaan.'

De kinderen gaan het huis uit, zo wapen je je tegen het legenestsyndroom

'Geniet er nog maar van: straks zijn ze het huis uit!' Vanaf het prille begin krijgen ouders ingepeperd dat er óóit een einde komt aan de intensieve zorg voor hun kroost. Een boodschap die tijdens de moeilijke opvoedmomenten, laten we eerlijk zijn, als muziek in de oren klinkt. En toch, als dochter- of zoonlief op kamers gaat of besluit een wereldreis te maken, dan is dat slikken. Wat doe je als ouder wanneer je last hebt van het legenestsyndroom?

Wat zeggen de deskundigen?

Wie kampt met het legenestsyndroom ervaart gevoelens van verdriet en nutteloosheid wanneer de kinderen het huis uit zijn. Het is een van de paradoxen van het ouderschap, meent Celia Dodd, auteur van *The Empty Nest. How to Survive and Stay Close to Your Adult Child* (2011). Ouders willen hun kinderen klaarstomen voor de grotemensenwereld, maar de beloning voor het goede werk voelt als een straf: ze staan te trappelen om bij je weg te gaan.

'Het lege nest zorgt voor veel tegenstrijdige emoties,' zegt Dodd. 'Aan de ene kant ben je extreem trots op hun onafhankelijkheid, aan de andere kant voel je het verlies omdat ze niet langer deel uitmaken van je dagelijkse leven. Laten gaan is een van de grootste uitdagingen als ouder.'

Hoeveel ouders hebben last van het legenestsyndroom? Volgens de Amerikaanse psycholoog Karen Fingerman speelt het minder dan vroeger. Vrouwen, bij wie het syndroom vaker wordt vastgesteld, hebben tegenwoordig een druk leven buitenshuis waardoor zij zich minder snel doelloos en eenzaam voelen. Sommige onderzoekers noemen het legenestsyndroom een mythe: ouders zijn kort van slag, maar herpakken zich snel.

Onderzoek van de Universiteit van Californië, gepubliceerd in *Psychological Science*, laat bijvoorbeeld zien dat het huwelijksgeluk van vrouwen toeneemt als de kinderen uit huis zijn. De vrouwen met uitwonende kinderen die gevolgd werden voor deze studie brachten evenveel tijd met hun partners door als toen de kinderen nog thuis woonden, maar genoten daar meer van.

Hoe ga je ermee om?

'Als het nest leeg is, begint het nieuwe leven,' zei actrice Marjan Berk jaren geleden in haar *Opzij*-lezing. Routine maakt plaats voor vrijheid. Toen haar jongste kind vertrok, ontdekte ze allerlei 'zigeunerachtige eigenschappen' in zichzelf, zoals de neiging eindeloos en op de raarste tijden te lezen, overdag én ’s nachts, of na het werk lekker een borrel drinken.

Dergelijke hallelujaverhalen (‘Eindelijk tijd voor een cursus Russisch!’) maken het legenestsyndroom haast een taboe, alsof je als ouder toegeeft dat je leven niet interessant genoeg is om de klap op te vangen.

‘Vooral bij vaders gaat het vaak om geheim verdriet, omdat ze er niet over praten. Gelukkig zijn er steeds meer bekende vaders, zoals Gordon Ramsey, die toegeven dat ze het vertrek van de kinderen moeilijk vinden,’ vertelt Dodd.

Toegeven dat het verdriet bestaat, is volgens haar het halve werk. Pas dan kun je zien dat er ook winst valt te behalen. Niet alleen op het vlak van allerhande vermoeiende cursussen, maar ook in de relatie met de kinderen. ‘Een moeder vertelde me dat de band met haar dochter enorm was verbeterd zodra ze haar was niet meer hoefde te doen.’

In gesprek met Naomi van As

'Geniet van je kind, want het cliché "de tijd vliegt" klopt echt'

Ex-hockeyster Naomi van As (1983) is moeder van Kae (2018). Ze is samen met schaatser Sven Kramer.

Terugkijkend op die eerste maanden met een baby, wat heeft je verrast?
'Dat ik het pittiger vond dan ik had verwacht. Sven was veel weg, voor trainingen en wedstrijden, en hoewel ik dat van tevoren wist – ik heb zelf ook dat topsportleven gehad – viel het me toch tegen. Ik ben van nature een optimistisch persoon en kan goed alleen thuis zijn, maar nu dacht ik soms wel, als Kae bijvoorbeeld krampjes had: o, mijn god! Het is fijn om even met iemand te kunnen overleggen. Ik heb me best eenzaam gevoeld, ook al kwamen mijn ouders en zus vaak langs.'

Sven en jij wonen niet altijd samen en hebben twee babykamers, las ik in een interview.
'Ik leef nog steeds als een nomade. Ons appartement is in Amsterdam, maar ik rijd met Kae naar Heerenveen als Sven in Nederland is om te trainen. Ik heb nu zo'n grote karton-

nen jaarkalender gekocht om het overzicht te behouden. Want als iemand vroeg: kun je afspreken, dan wist ik dat vaak niet. Het huis dat we hebben gekocht in Amstelveen is pas over anderhalf jaar klaar.'

Wat voor moeder ben jij?

'Ik vind het fijn als er een ritme in de dag zit. Eerst de papfles, dan slapen, een boterham, fles en dan naar buiten. Kae slaapt 's ochtends nog, dus ik ga pas vanaf halféén 's middags naar buiten, zo laat! Ik pas me aan haar schema aan. Ik neem haar wel eens mee als ik uit eten ga, maar dan word ik toch een beetje onrustig. Ik denk dat als ik chill ben, zij dat ook is. Kinderen voelen stress feilloos aan.'

Je schreef in je column voor *Ouders van Nu* over de stress na een bezoek aan het consultatiebureau. Wat gebeurde er?

'Kae kon haar hoofd niet goed omhooghouden, dus moesten we thuis oefenen door haar op haar buik te leggen. Ik ging met een stopwatch aan de slag, dat is toch de topsportmentaliteit die dan naar boven komt. Die vijf minuten oefenen voelden echt als een opgave. Ze moest steeds huilen. Het kwam uiteindelijk goed. Ik denk nu: kinderen doen de dingen in hun eigen tempo.

Ik was vaak zenuwachtig als ik naar het consultatiebureau moest. Eén keer bleek Kae opeens kleiner te zijn dan daarvoor. Kan een kind krimpen? Ik moest twee weken later terugkomen. Bleken ze de keer ervoor gewoon iets te ruim gemeten te hebben.'

Jij hebt lange tijd op topniveau gehockeyd. Dan zet je jezelf op nummer één om te kunnen presteren. Was het een grote overgang naar het ouderschap – waar je jezelf in dienst stelt van zo'n kleintje?

'Nadat ik in 2016 gestopt was met hockey, heb ik flink van mijn vrijheid genoten en veel gereisd. Ik was echt klaar voor het moederschap. Ruimte maken voor een kind in mijn leven ging me makkelijk af. Maar ik moet zeggen dat ik ook wel erg van mijn eigen leven houd! Dus als ik met vriendinnen wil afspreken, regel ik een oppas.'

Kae gaat niet naar de opvang?

'Nee. Kinderen die naar de crèche gaan, worden vaak ziek en Sven kan het zich niet veroorloven om ziek te worden. Natuurlijk kan een kindje griep krijgen, laatst nog, maar we zoeken het niet op. Dus als ik ergens heen wil, moet ik altijd een oppas regelen.'

Heb je last van de oudermaffia?

'Mensen hebben snel een mening over hoe andere ouders het doen. Wat een gezeik, denk ik dan. Zo begrijpt niet iedereen dat Sven vaak weg moet. Toen Kae net geboren was, sliep hij vaak beneden. Dat vertel ik niet vaak. "Hij kan toch wel even..." is dan de reactie. Nee, dat kan hij dus niet. Hij moet een enorme lichamelijke inspanning leveren, dus moet hij rusten. Mensen begrijpen dat niet.’

Heb je nog tips voor andere ouders?

‘Ga niet googelen! Ik ben best wel een hypochonder en als je op fora gaat kijken, dan heeft je kind altijd allerlei vreselijke dingen. Ik zou willen zeggen: volg je gevoel. Als je het niet vertrouwt, bel je gewoon de dokter. En geniet van je kind, want het cliché “de tijd vliegt” klopt echt.’

3

Georganiseerde chaos in het gezin: slimme tips

Weg met het schuldgevoel, schakel een oppas in

'Weet je het zeker?' vroeg de verkoopster van de boekhandel toen ik, hoogzwanger, *Een zachte hand* van de Franse schrijfster Leïla Slimani wilde afrekenen. De eerste zin van de veelgeprezen roman luidt namelijk: 'De baby is dood.' Oppas Louise, die aanvankelijk een godsgeschenk leek, vermoordt de twee kinderen van een Parijs koppel.

Het is een horrorscenario dat gelukkig zelden realiteit wordt. Maar Slimani laat terloops zien hoe complex het oppasvraagstuk is. Is het slecht voor kinderen om vaak een babysitter in te schakelen? En wat doe je als ouders met je schuldgevoel?

Wat zeggen de deskundigen?

'Ouders willen graag weten: is drie dagen opvang oké? Kan een oppas 's avonds er nog bij?' zegt Louis Tavecchio, emeritus hoogleraar pedagogiek aan de Universiteit van Amsterdam. 'Het is onmogelijk om een harde algemene grens te noemen wanneer – en of – het regelmatig uitbesteden van de zorg voor kinderen schadelijke gevolgen zou kunnen hebben.'

Wat we wel weten uit onderzoek is dat het aantal uren dat ouders met hun kroost doorbrengen niet bepalend is voor de ontwikkeling van het kind. Het gaat om de kwaliteit van de momenten samen: betrokkenheid en aandacht.

Over die zogenaamde qualitytime met kinderen bestaat echter een misverstand. Ouders die voor werk vaak de hort op zijn, denken soms dat ze in het weekend alles kunnen inhalen door een intensief programma af te werken in pretparken en speeltuinen. 'Dat werkt niet,' meent Tavecchio. Huis-tuin-en-keukenmomenten zoals voorlezen en samen spelen in de tuin volstaan. Natuurlijk is af en toe een pretpark, als verrassing, best leuk.'

Een oppas is tegenwoordig eenvoudig te vinden via apps als Charlie Cares, Bsit en Sitly. Maar te vaak van oppas wisselen is volgens deskundigen geen goed idee. Zeker voor jonge kinderen die in hun periode van hechting en eenkennigheid zitten, zijn vertrouwde gezichten op voorspelbare momenten belangrijk.

Samen eten en de kinderen naar bed brengen zijn belangrijke interactiemomenten in de opvoeding. Tavecchio: 'Vertrek, als het kan, wanneer de kinderen al op bed liggen, of doe het bedritueel samen met de oppas.'

Hoe regel je het goed?

Koester niet al te hoge verwachtingen. 'Een babysitter in de avonduren is er om de veiligheid van het kind te waarborgen en om lief te zijn. Verwacht geen tweede moeder,' zegt Ananda Hagens, pedagoog en eigenaresse van Curious Kids Kinderopvang in Amsterdam.

Het creëren van een goed oppassysteem vergt tijd en moeite. 'Schakel een oppas in wanneer de kinderen nog jong zijn, dan wennen ze makkelijker,' adviseert ze. Enige regelmaat is ook belangrijk. Met slechts twee keer per jaar een verzoekje bind je geen loyale babysitters aan je.

En wat te doen met eventuele schuldgevoelens? 'Zie het als een investering in jezelf,' zegt Hagens, die gemiddeld drie keer per maand een oppas regelt. 'Ik word er een leukere moeder van. En voor mijn relatie is het ook goed. Eindelijk tijd voor een écht gesprek met mijn vriend.'

Daar is de Noorse gezinstherapeut Hedvig Montgomery het mee eens. 'Het is belangrijk dat kinderen zien hoe hun ouders de dingen als stel doen,' schrijft ze in haar boek *De zeven stappen naar succesvol ouderschap*. 'Ze moeten een idee krijgen van wat liefde is. Het stoomt hen klaar voor de toekomst, voor alle verliefdheden en relaties die hun nog te wachten staan.'

Hoe overleef je als ouder de basisschool met al die verplichtingen?

In het tweede seizoen van de populaire tv-serie *De luizenmoeder* is Hannah, gespeeld door Jennifer Hoffman, gepromoveerd tot klassenmoeder. Een rol die, zo blijkt, onvoorziene verplichtingen met zich meebrengt. 'Hannah is parttime gaan werken, en dus héél véél op school. Je kunt altijd een beroep op haar doen,' zegt juf Ank tegen een nieuwe moeder. 'Toch, Hannah?'

'Zeker. Maar ook op andere ouders. Het is niet zo dat ik...' hakkelt een verbaasde Hannah, om even later te horen dat ze óók een VOG nodig heeft.

De populaire tv-serie maakt inzichtelijk hoe lastig het navigeren is als ouder van een kind op de basisschool. Want hoe overleef je het schoolplein met al die taken – van groenevingermoeder tot overblijfvader – en welke sociale codes gelden er?

Wat zeggen de deskundigen?

Bijna 40 procent van de ouders gaat wel eens mee op uitjes of helpt bij sportdagen, zo blijkt uit een enquête die belangenvereniging Ouders & Onderwijs in 2017 hield. Ouders helpen ook bij luizencontrole (9 procent), doen klusjes (10 procent) of lezen voor (17 procent). Meehelpen is geen verplichting, maar het is eigenlijk wél de bedoeling.

Worden vaders en moeders overvraagd? 'Van schooldirecteuren hoor ik de klacht dat ouders zich opstellen als kritische consument, zonder zelf een actieve bijdrage te leveren,' zegt onderzoeker Frederik Smit, die gepromoveerd is op ouderparticipatie en advies geeft aan scholen en gemeenten.

'Alleen op het schoolplein staan betekent niet dat je ook weet wat er binnen gebeurt,' schrijft presentatrice Sofie van den Enk in *De schoolfabriek. Van luizenmoeder tot voorleesvader, en alles wat je verder moet weten als je kind (voor het eerst) naar school gaat.* Je handen uit de mouwen steken op school is voor ouders dus ook een manier om grip te krijgen op de wereld van je zoon of dochter. 'Binnen dat systeem ben je de ambassadeur van je eigen kind.'

Onderzoek heeft nooit aangetoond dat ouderparticipatie van invloed is op leerprestaties. 'Maar voor het welbevinden van het kind is het wel fijn als de lijntjes tussen leerkracht en ouder kort zijn,' meent Smit. 'Is er iets, dan hoef je niet te wachten tot het tienminutengesprek.'

Hoe pak je het slim aan?

Van Enk noemt succesvol participeren een kwestie van 'de balans vinden tussen betrokken zijn maar niet bemoeizuchtig' en 'nieuwsgierig zonder een kruisverhoor af te nemen'. Klinkt leuk, maar hoe doe je dat in vredesnaam?

Er zijn een paar praktische handvatten. 'De klassieke valkuil is om als nieuwe ouder te denken: dan ga ik wel mee met het schoolreisje,' zegt journalist Mark van der Werf, die voor zijn boek *Schoolpleinmoeders* (2018) een jaar meeliep op de basisschool. 'De schoolreisjes zijn de krenten in de pap, dan duiken er ineens ouders op die normaal niets doen.' Je daarvoor aanmelden maakt je dus niet populair.

Kies een activiteit die bij je past. 'Ik heb twee linkerhanden, dus een knutselmiddag zou voor mij een straf zijn,' aldus Van der Werf. Werk je op een uitgeverij, neem dan het voorlezen voor je rekening.

Hangt er ergens een inschrijflijst, wees er dan snel bij. 'Zo kun je er nog voor kiezen een pak sinaasappelsap mee te nemen naar het kerstontbijt. En heb je niet ineens de taak om 35 gevulde minicroissantjes te bakken.' Van der Werf weet uit zijn veldonderzoek dat er moeders zijn die komen aanzetten met baksels waar *Heel Holland Bakt* nog een puntje aan kan zuigen. 'Spiegel je nóóit aan die supermoeders.'

De vrije tijd van je kind volproppen, is dat erg?

We doen het allemaal graag en vaak: mopperen over hoe druk we wel niet zijn. Maar ga je bij een groepje papa's en mama's op het schoolplein staan, dan vliegen complete gezinsdraaiboeken je om de oren. Vier keer per week moet er gevoetbald en gehockeyd worden, dochter speelt piano, zoon probeert toneel uit. Zwemles. Bijles. En zal je net zien dat de hele klas in september jarig is, dus tel uit de kinderpartijtjes.

Stichting Ideële Reclame gaf ons in 2003 al een waarschuwing: in een spotje trekt Sinterklaas te paard door een leeg dorp omdat de jeugd geen gaatje kon vinden in hun agenda's voor de intocht. Kinderombudsvrouw Margrite Kalverboer zei dat kinderen en jongeren 'massaal last hebben van stress'. Moeten we inderdaad uitkijken met het te vol proppen van de vrije uurtjes van kinderen?

Wat zeggen de deskundigen?

'Er wordt overal gesuggereerd dat kinderen het drukker hebben dan ooit, maar er zijn nog weinig cijfers bekend die het ondersteunen,' zegt Anne Roeters die voor het Sociaal Cultureel Planbureau vrijetijdsbesteding onderzoekt.

Het verschilt per milieu of kinderen worden overvraagd, constateerde de Amerikaanse socioloog Annette Lareau die voor haar boek *Unequal Childhoods* (2003) bekeek hoe rijke en arme kinderen hun tijd doorbrengen. Een fenomeen als de 'achterbankgeneratie' (kinderen die in het autotijdperk zijn opgegroeid en van hot naar her worden gesleept) is voorbehouden aan hoogopgeleide families met geld. Amerikaanse kinderen uit arme gezinnen hebben weliswaar minder last van prestatiedruk, maar lopen leermomenten mis. 'Ook in Nederland zou dit kunnen opgaan,' meent Roeters. 'We denken dat kinderen van hoogopgeleide families veel vaardigheden opdoen, maar ook meer stress ervaren dan armere kinderen.'

Waarom proppen ouders het leven van hun kinderen zo vol? 'Ze zijn bang dat hun kind het niet gaat redden in deze competitieve maatschappij als het niet excelleert. En dus moet het op schaken, bijles of een muziekinstrument leren spelen,' vertelt Susan Bögels, hoogleraar ontwikkelingspsychologie aan de Universiteit van Amsterdam. 'Natuurlijk is het belangrijk dat je kinderen blootstelt aan verschillende ervaringen, maar met al die naschoolse activiteiten is er weinig aanmoddertijd.' Terwijl dat nietsdoen juist zo belangrijk is. 'Vóór het zestiende levensjaar is het kinderbrein nog helemaal niet in staat om te plannen,' zegt zij. 'De focus zou moeten liggen op de creatieve ontwikkeling, het vermogen tot fantaseren. Daar is nu te weinig ruimte voor.'

Kan het ook anders?

Meer vrije tijd is helaas geen garantie voor aanmodderen. Hier komt het mobieltje om de hoek kijken. 'Het is de overvloed aan informatie die stress bij kinderen veroorzaakt,' zegt Frans Pijpers van het Nederlands Centrum Jeugdgezondheid. 'Ze hebben het gevoel dat ze constant moeten bijhouden wat er online gebeurt om mee te kunnen praten met vriendjes. Dat geeft druk.' Het heeft dus ook zin om naar het mobiele-telefoongedrag van je kind te kijken.

'Ken je kind. De een floreert bij een druk buitenschools programma, de ander niet, die is na school overprikkeld en wil in een boek duiken of uren op de schommel,' aldus Bögels. 'Bij die laatste groep moet je als ouder soms op je handen gaan zitten.' En juist dat is lastig voor ouders die het beste uit hun kind willen halen. Hiervoor heeft zij een tip: 'Zie het kind niet als een verlengstuk van jezelf. De prestaties van een kind zijn niet onze verdiensten en de mislukkingen zijn niet onze schuld. Een kind mag je alleen een tijdje begeleiden op aarde.'

Thuiswerken met kinderen zonder frustraties

Het is een fantasie waarmee ik op kantoor wel eens flirt, wanneer ik bedenk hoe kort ik mijn kinderen die dag zie en hoe de huishoudelijke taken zich opstapelen: thuiswerken. Geen reistijd, geen haast en na een aantal zeer productieve uren achter de laptop is er ruimte voor het gezin én de was. Maar hoe realistisch is deze dagdroom? Gaan kinderen en thuiswerken eigenlijk wel samen?

Wat zeggen de deskundigen?

Volgens onderzoek van de Duitse Hans Böckler Foundation pakt thuiswerken bij ouders niet altijd voordelig uit. Werknemers gaan meer uren werken; vaders zes uur per week en moeders één uur extra. Moeders besteden op een thuiswerkdag bovendien drie uur meer aan de verzorging van de kinderen. Ze moeten 's avonds de laptop openklappen om het werk alsnog af te krijgen. De win-winsituatie uit mijn fantasie lijkt eerder op een dubbele last.

De leeftijd van de kinderen bepaalt in grote mate of thuiswerken realistisch is. 'Met een baby, dreumes of peuter in de kamer kom je niet aan werken toe,' zegt Joyce Knappe van Pro Parents, een organisatie die werkende ouders en hun werkgevers begeleidt. 'Zodra jij je laptop openklapt, ben je als een magneet, ook als ze net lief aan het spelen waren. Ze hebben direct door dat jouw aandacht ergens anders ligt.'

Maar een baby slaapt toch veel? 'Tijdens slaapjes kun jij werken, maar je weet nooit wanneer dat is.' Je kunt geen garantie geven dat een conferencecall om tien uur gaat lukken. Mag je zelf je tijd indelen, dan is het een ander verhaal. 'Ik heb bijvoorbeeld mijn scriptie geschreven mét baby,' vertelt Knappe.

'Wanneer je je werk verplaatst naar een huiselijke omgeving, raken alle taken met elkaar vervlochten, zodat je nooit meer iets kunt doen zonder het hardnekkige gevoel dat je eigenlijk iets anders zou moeten doen,' schrijft columnist Zoe Williams treffend in *The Guardian*. Haar advies wanneer je kleine kinderen hebt: 'Neem een goede baan met een kantoor en een uur reistijd zodat je uit het raam kunt staren zonder aan iemand uit te leggen dat staren uit een raam deel uitmaakt van je werk.'

Hoe lukt het wel?

De ultieme tip voor een fijne thuiswerkroutine: regel opvang voor de kinderen, zodat je een paar uur aaneengesloten geconcentreerd kunt werken.

Vergeet niet om voor jezelf te zorgen, tipt schrijver

Rutger Lemm, die in *Volkskrant Magazine* schreef over zijn thuiswerkworstelingen als kersverse vader. 'Je hele dag dichtplamuren is niet bevorderlijk. Ik maakte op dat soort dagen kleine to-dolijstjes en dan merkte ik dat de dingen die voor mezelf waren – yoga bijvoorbeeld – altijd als laatste overbleven. Dus ik zou het omdraaien en daarmee beginnen.'

Wie weet kun je het chronische geschipper als thuiswerkende vader of moeder in je voordeel gebruiken, zoals Lemm. 'Ik schrijf de laatste tijd steeds vaker in korte stukjes – ik móet snel tot de kern komen, voordat ik mijn zoon alweer van de opvang moet ophalen. Het komt mijn werk ten goede: vroeger was ik vaak te lang van stof.'

Daarnaast helpt het om realistische verwachtingen te hebben. 'Werk je thuis, dan ben jij diegene die de pakketjes aanneemt, een boodschapje doet en de was uit de machine haalt. Het scheelt frustratie als je dat incalculeert en accepteert,' zegt Knappe. En ja, dat betekent dat werk en privé door elkaar heen lopen. Maar die strikte scheiding voelt sowieso wat gedateerd, en is voor ouders erg kunstmatig. Knappe: 'E-mails beantwoorden én met je kind naar de tandarts gaan, het zijn allemaal taken die nou eenmaal moeten worden gedaan.'

Hoe kom je ’s ochtends op tijd de deur uit?

Toen ik vorige week ’s ochtends vroeg klaar was voor vertrek, bepakt met tassen vol crèchespullen en mijn laptop, wilde mijn driejarige dochter haar gympjes per se inruilen voor gele regenlaarzen (de zon scheen). Mijn dreumeszoon stond met een gepijnigd gezicht zo’n intense geur te verspreiden dat ik mijn jas weer moest uittrekken om een schone luier te pakken. Soms lijkt het alsof ze het erom dóen. Hoe creëer ik een stressloze ochtendspits zonder al te veel oponthoud?

Wat zeggen deskundigen?

Veel gezinnen worstelen met het dagelijkse spitsuur. Volgens een rapport van het Sociaal en Cultureel Planbureau uit 2013 voelt bijna 60 procent van de ouders met jonge kinderen tot drie jaar zich meerdere dagen van de week opgejaagd.

Waarom lijkt het alsof kinderen extra sloom worden wanneer jij de deur uit wilt? Om te beginnen hebben kleine kinderen geen tijdsbesef. Een kreet als ‘over vijf minuten moeten we weg' resoneert dus niet.

Sowieso geven ouders vaak onduidelijke instructies, zegt pedagoog Joyce Vlamings. 'Een kind weet niet goed wat je bedoelt met "opschieten!". Formuleer je wensen daarom zo concreet mogelijk: "Ik wil dat je je schoenen aandoet." Of: "Jij mag nu je eigen jas aantrekken."'

Het zou ook kunnen dat je kind bevriest als reactie op jouw haast en strenge stem, opperde klinisch psycholoog Isabelle Filliozat in een artikel over de zogeheten freeze-reactie in *Psychologie Magazine*. Wetenschappers ontdekten eenzelfde soort effect bij volwassenen die een afbeelding met een boos gezicht te zien kregen. Als reactie op de sociale dreiging ging de hartslag omlaag en werden de spieren slapper. Een kind dat wordt opgejut, kan dus blokkeren door een natuurlijke reflex om de stress in het lichaam te reguleren.

Ouders multitasken zich 's ochtends een slag in de rondte. 'Maar je kunt je afvragen of het effectief is als jij beneden al spullen gaat inpakken en koffiezet terwijl je zoon van vier zich boven aankleedt,' zegt Vlamings. 'Motorisch gezien kan hij dat zelf, maar hij zal gauw afgeleid zijn. Blijf er gewoon even bij.'

Wat werkt nog meer goed?

Succesvolle types als de Obama's en Gwyneth Paltrow hebben met elkaar gemeen dat ze vroeger opstaan dan hun kinderen. Je hoeft dat halfuurtje extra echt niet te gebruiken voor yogaposes; douchen, aankleden en boterhammen smeren is al mooi meegenomen. 'Zo begin je de dag niet met een achterstand die je vaak niet meer inhaalt,' aldus Vlamings. Nog een extra tip voor de ontbijtboel: zet alle benodigdheden, zoals beleg, op een dienblad in de kast en de koelkast, zodat alles in één handeling op tafel staat.

Wie oudere kinderen heeft, kan wellicht het experiment van journalist Maike Jeuken uitproberen. Ze stopte resoluut met schreeuwen en opjutten en ging voortaan rustig de krant lezen, zo beschrijft ze in haar column op Linda.nl. Dan maar een paar keer te laat op school (die ze overigens wel inlichtte). Het niet-ingrijpen was pittig, maar het resultaat mag er zijn: voortaan zijn het de kinderen die aan het stressen zijn.

Om mijn treuzelende kinderen te motiveren om op te schieten, bedacht ik een spel om buiten vogels te tellen. 'Wie als eerste een duif ziet', is vaak al genoeg. Of neem de tip van moeder Camilla Okamoto in de opvoednieuwsbrief van *The New York Times*: 'De enige manier om mijn driejarige dochter haar schoenen aan te trekken, was schoenenwinkeltje spelen en haar een paar schoenen verkopen.'

Kom je toch te laat op crèche of school, dan kun je de hierboven beschreven creativiteit ook anders inzetten: gebruik die vieze luier of omgevallen beker sap als excuus.

Waarom doen we op de werkvloer nog steeds alsof we geen kinderen hebben?

Toen ik na mijn zwangerschapsverlof terugkeerde op werk, vroegen collega's hoe het met de baby ging, en met mij. Na die eerste weken was dat kleine hummeltje bijna geen gespreksonderwerp meer. Voor een kolfsessie verdween ik stilletjes van mijn plek en de oppas appte ik vanaf de wc. Met verwondering moest ik constateren dat ik hard op weg was me slaafs te voegen naar de code die geldt in veel bedrijven: doen alsof je géén kinderen hebt. 'End the Plague of Secret Parenting,' schreef *The Atlantic*. Waarom zwijgen we op de werkvloer over ons gezin? En hoe kun je als werknemer eerlijker zijn over de verplichtingen thuis, die soms conflicteren met werk?

Wat zeggen de deskundigen?

Eerst de cijfers: in 63 procent van de gezinnen werken beide ouders, blijkt uit cijfers van het CBS. Slechts 4 procent van de ouders met kinderen onder de twaalf jaar combineert werk en privé moeiteloos. Eén op de acht werknemers met jonge kinderen geeft aan wekelijks problemen te ervaren met de werk-privébalans. Ze hebben behoefte aan flexibiliteit, maar in de praktijk kan slechts 28 procent zelf bepalen op welke tijden er wordt gewerkt.

'Werkgevers doen nog steeds alsof iedereen een vrouw thuis heeft om alles te regelen,' zegt socioloog Veronica Tichenor van The State University of New York in het boek *All the Rage. Mothers, Fathers and the Myth of Equal Partnership* (2019). 'Iedereen moet de ideale werknemer zijn en niet naar huis hoeven wanneer een kind ziek is. Als een gezin worstelt om het allemaal te combineren, dan is dat een persoonlijk probleem.'

In Amerika klapten 1.800 vrouwelijke werknemers ('Momazonians') van internetreus Amazon uit de school: ze durfden geen familiefoto's op hun bureau te zetten of eerder uit een vergadering te vertrekken, hoewel de crèche dichtging, uit angst te worden gelabeld als 'afgeleide moeder'.

'Veel is terug te voeren op de norm dat je "nu eenmaal offers moet maken om succesvol te zijn",' zegt Joyce Knappe van Pro Parents. 'Nog steeds heerst de opvatting dat ouderschap en ambitie op gespannen voet met elkaar staan en dat je werk en privé strikt kan scheiden. Dat is een illusie.'

Wat is het alternatief?

Allereerst helpt het om je rechten te kennen. Een ziek kind ophalen van school valt onder het calamiteitenverlof en is dus toegestaan.

Dat je kinderen niet hoeft weg te moffelen om carrière te maken, bewijst Gail Brewster, senior manager bij KPMG. Bij haar pitch om partner te worden, benadrukte ze juist dat ze drie kinderen heeft. 'Ik ben altijd eerlijk geweest over mijn gezin en dat ik 's ochtends de kinderen wegbreng en dus later begin. Op vrijdag werk ik in principe vanuit huis. Probeer uit te vinden wat voor jóu werkt.'

Volgens Brewster kun je flexibiliteit deels zelf opeisen, door op tijd en rustig te vertellen waar je behoefte aan hebt. Collega's en de baas reageren daar vaak beter op dan wanneer je je wensen uit schuldgevoel niet uitspreekt, en alsnog gestrest en chaotisch overkomt. 'Zeg bijvoorbeeld dat je graag met het eten thuis bent, en als de kinderen op bed liggen weer inlogt.'

'Barrières zijn vaak iets mentaals,' zegt Brewster. 'Een collega die een klant van mij overnam, heeft ontslag genomen. "Ik kan het niet doen zoals jij," zei ze. Ze voelt zich enorm schuldig als ze eerder naar huis moet voor de kinderen. Ze dacht dat collega's dat erg zouden vinden. Maar dat zit vooral in haar eigen hoofd. Als ik weg moet, dan ga ik. Iedereen weet dat ik hard werk.' *Secret parenting* is dus nergens voor nodig.

Zo laat je je kind helpen in huis

'Zelluf doen!' is een bekende peuteruitspraak, maar ouders kunnen er ook wat van. Het is namelijk verleidelijk om zelf vlug het speelgoed in de kist te mieteren en de vaatwasser uit te ruimen, zonder die 'helpende' kinderhandjes, die binnen tien seconden weer bezig zijn met een nieuw spel, wat alleen maar leidt tot meer troep. Ik vroeg me daarom af: hoe belangrijk is het om je kind mee te laten helpen?

Wat zeggen de deskundigen?

Ouders geven hun kinderen tegenwoordig minder huishoudelijke taken. Dat blijkt althans uit een enquête van Braun Research uit 2014 onder duizend Amerikanen. Zo'n 82 procent van de ondervraagden moest vroeger huishoudelijke klusjes uitvoeren, terwijl slechts 28 procent aan hun eigen kinderen vraagt om mee te helpen. Waarom? Kinderen zijn al druk genoeg met school en sportclubjes, vinden veel vaders en moeders.

Een drukke agenda speelt dus mee, en niet alleen die

van de kinderen. Want geef je een kleuter een taakje, dan moet je toezicht houden. Opvoedcoaches raden bovendien aan om een vast schema te hanteren. 'Wie heeft daar tijd voor?' vroeg presentator Gayle King in het programma CBS *This Morning*, toen het over klusjes ging. 'Dan wordt de taak zelf ook nog eens een taak voor ouders.'

Opvoeddeskundige Jennifer Wallace, die in datzelfde programma was aangeschoven, vindt dat je dat als een investering moet zien: '*Short-term pain for long-term gain.*' Volgens haar leren kinderen op die manier dat hun gedrag consequenties heeft: 'Als ik de tafel niet afruim dan moet mijn moeder het doen.'

Het is niet de enige winst. 'Wanneer een kind iets zelfstandig uitvoert, voelt het zich autonoom en dat is belangrijk voor de ontwikkeling van het zelfvertrouwen,' meent kindertherapeut Simone van Overbeek. 'Zelfstandigheid aanleren gaat in kleine stapjes. Bij een driejarige kun je vaak prima beginnen met het aanleren van speelgoed opruimen, de jas op de goede plek hangen en kleren in de wasmand stoppen.'

Als kinderen nooit hoeven mee te helpen in huis dan ontneem je ze de kans om zelfredzaamheid te ontwikkelen, zegt Julie Lythcott-Haims, auteur van het boek *How to Raise an Adult* (2016), in haar TED Talk. 'Dan worden het later op de werkvloer jonge volwassenen die wachten op een checklist, die er niet is, en nog belangrijker: ze hebben de impuls niet om de mouwen op te rollen en zich af te vragen: hoe kan ik anticiperen op wat mijn baas nodig heeft?'

Waar moet je op letten?

Tijdens zo'n taakje hoef je je kind niet te overladen met complimenten. 'Ouders zijn vaak voorzichtig met het geven van feedback,' vertelt Van Overbeek. 'Je kunt best zeggen: weet je hoe mama de was altijd opvouwt? En het dan voordoen. Je hoeft niet alles te prijzen.'

Psycholoog Eddie Brummelman schrijft in zijn boek *Bewonder mij!* (2019) dat te veel complimentjes een negatief effect kunnen hebben. Het schept de verwachting dat kinderen altijd aan die hoge standaard moeten voldoen, dat ze liefde moeten verdienen. 'Complimenteer de inzet, niet het resultaat. Dus: "Wat doe jij enorm je best, zeg!"'

Hoe maak je zo'n taakje leuk? Daarvoor hoef je maar naar de *Friends*-aflevering te kijken waarin controlfreak Monica tijdens het organiseren van een feestje Phoebe de leiding geeft over 'ijs en plastic bekers' (een nogal lullig klusje), om van haar af te zijn. Phoebe pakt groots uit ('Dat zal Monica betreuren') met versieringen van bekers en gigantische bakken ijs met gekleurde limonade.

De les: geef je kind écht de verantwoordelijkheid met bijpassende titel – directeur ontbijtspullen of CEO grasmaaien, bijvoorbeeld – en kijk wat er gebeurt.

Vastgeplakt aan je telefoon wanneer je met je kind bent: kan dat kwaad?

Van alle kanten worden we gewaarschuwd voor het overmatig schermgebruik van kinderen. Maar zullen we het ook eens over onszelf hebben? Zo'n 34 procent van de ouders pakt geregeld de telefoon erbij als ze met hun kroost zijn, zo blijkt uit een enquête van kinderorganisatie Jantje Beton onder duizend ouders.

The New York Times doopte dit fenomeen 'the guilty secret of distracted parenting'. Er bestaat zelfs een Tumblr met de toepasselijke naam 'Parents on phones', waar whatsappende en bellende types aan de digitale schandpaal worden genageld.

Wat zeggen de deskundigen?

Beschadigen we onze kinderen door in de speeltuin of thuis op de bank ondertussen een berichtje te tikken aan een vriend? Er is nog nauwelijks onderzoek gedaan naar het effect hiervan op het kind, blijkt uit een belrondje langs wetenschappers. Wel wijzen verkennende studies erop dat de aanwezigheid van steeds meer schermen in en om het huis de interactie tussen ouder en kind in de weg kan zitten.

Allereerst is het niet zo handig om het slechte voorbeeld te geven. 'Kinderen luisteren niet naar wat je zegt, maar naar wat je doet,' zegt ontwikkelingspsycholoog Steven Pont. 'Je kunt heel hard tegen je kind schreeuwen dat het niet moet schreeuwen, maar dat is niet effectief.'

Belangrijk is welk signaal de vader of moeder afgeeft wanneer het mobieltje er steeds bij wordt gepakt. 'De grootste dreiging voor een kind is het gevoel niet belangrijk te zijn voor de ouders,' aldus Pont. 'Voor een jong kind is ouderlijke beschikbaarheid gekoppeld aan veiligheid. Ze krijgen zo het vertrouwen dat het loont om een relatie met een medemens aan te gaan.' Een ouder die vaak afwezig reageert, kan dus het hechtingsproces verstoren.

De Amerikaanse psycholoog Jenny Radesky observeerde gezinnen in een fastfoodrestaurant. Veertig van de vijfenvijftig ouders pakten tijdens de maaltijd hun mobieltje erbij. Deze afgeleide vaders en moeders konden tijdens het eten rekenen op drukkere kinderen, die ook nog eens niet goed luisterden als ze gecorrigeerd werden.

Wellicht denkt u nu: wat een slechte ouders zeg, zo ben ik gelukkig niet. Vergeet dan niet dat telefoongebruik vaak onbewust gaat. Elke zeven minuten kijkt de smartphonehouder op zijn toestel, blijkt uit onderzoek. 'Veel ouders hebben geen grip op hun eigen telefoongebruik. Het is een epidemie met vergaande invloed,' meent Jan

Derksen, hoogleraar Klinische Psychologie aan de Radboud Universiteit Nijmegen.

Waarom we zo graag met ons gezicht in dat scherm zitten wordt door wetenschappers vaak als volgt verklaard: elke keer als je een bericht krijgt, maken de hersenen dopamine aan, het beloningshormoon. Voor ouders die thuiszitten met een baby of peuter kan het voelen alsof ze een heerlijke hijs nemen van hun volwassen leven dat – godzijdank – ook nog blijkt te bestaan.

Maar door die constante informatiestroom waaraan we gewend zijn geraakt, lijken andere situaties al gauw saai. 'Je ziet dat moeders tijdens de borstvoeding hun telefoon erbij pakken, omdat het zo lang duurt,' zegt Pont.

Kan het ook anders?

'Je moet al vóór de geboorte van de baby afspraken maken over schermgebruik in huis,' zegt Derksen, die adviseert telefoons en tablets alleen toe te staan in bepaalde delen van het huis. 'Spreek af dat de apparaten in de werkkamer blijven en niet meegenomen worden in de slaapkamer en de ruimte waar je eet.'

Natuurlijk, werkende moeders en vaders ontkomen er soms niet aan een e-mail te versturen. Toch adviseert Pont: 'Beter dertig minuten met volle aandacht bij je kind en dertig minuten naar zolder om te werken dan een uur lang half aanwezig.'

In gesprek met Janne Schuijn

'Moeder zijn heeft me innovatiever gemaakt'

Ondernemer en mindsetcoach Janne Schuijn (1989) kreeg samen met haar vriend Felipe zoon Caiden (2017). Caiden heeft microcefalie, een afwijking van het centrale zenuwstelsel. Ze wonen in Zwolle.

Je runt een bedrijf en hebt een gezin: gaat dat altijd even makkelijk samen?

'Toen ik zwanger was, zei ik: ik ga carrière en kind gewoon combineren. Sommige ouders reageerden boos op sociale media, ze vonden dat ik een ideaalbeeld schepte waar anderen niet aan kunnen voldoen. Maar het was gewoon hoe ik het voor me zag. Mijn bedrijf is gegroeid na de geboorte van Caiden. Hoe? Moeder zijn heeft me innovatiever gemaakt. Ik ben veel dingen gaan uitbesteden: ik heb een assistent voor mijn mail en een communitymanager.

Ik werkte altijd vanuit huis, maar als de nanny er was, ging ik bij elk huiltje en lachje van Caiden even kijken. Nu heb ik een kantoor. Daar ben ik op maandag en donderdag. Dinsdag werk ik thuis, want dan gaat Caiden naar de opvang. Woensdagochtend, als hij naar het kinderdagverblijf gaat, werk ik vaak thuis.'

Jij schrijft veel over mindset. Heb jij tips voor jonge ouders om het een beetje vol te houden?

'Hoe je het ouderschap wil inrichten is een constante zoektocht, ook voor mij. Een tijdje terug heb ik rigoureus de keuze gemaakt om minder te gaan werken: drie dagen, maximaal vier. Ik merkte opeens dat ik meer thuis wilde zijn voordat Caiden naar school gaat. Ik was zó flexibel geworden met nog even doorwerken dat het niet meer bij mijn waarden paste.

De vraag is altijd: hoe is je werk-privébalans? Maar ik kijk liever naar wat mijn prioriteiten zijn op dit moment. Ik heb heel bewust gekozen om niet meer mee te doen aan alle sociale verplichtingen en dat heeft niet iedereen in mijn omgeving gewaardeerd. Maar je kunt niet én een succesvol bedrijf hebben, een goede moeder zijn én daarnaast ook nog de leuke vriendin uithangen die elk weekend meegaat lunchen of naar een feestje komt.'

Hoe doe je dat, de zóveelste verjaardag afzeggen?

'Ik zeg gewoon eerlijk dat ik het weekend wil gebruiken om bij mijn gezin te zijn. Maar dat als er écht iets is, vrienden altijd bij me terechtkunnen.'

Jullie hebben veel gebroken nachten achter de rug, begreep ik.

'In de eerste zestien maanden van zijn leven heeft Caiden nooit een nacht doorgeslapen. We zijn pas met slaaptraining begonnen toen we er écht klaar voor waren. Hem laten huilen voelde eerder niet goed. Dat heeft waarschijnlijk ook te maken met het feit dat hij microcefalie heeft. Tijdens die nachten met weinig slaap vonden we trouwens wel onze ultieme lifehack: we hebben ons compleet overgegeven aan hoe de situatie was. Er niet tegen gevochten, niet gehoopt dat het anders was of gedacht aan alle kinderen die wél doorslapen. We hielden onszelf voor: dit zal vast niet tot zijn achttiende duren, later lachen we hierom. Die houding heeft ons geholpen.'

Ondertussen ga je wel kapot van vermoeidheid...

'Het hielp om elkaar om de beurt te laten uitslapen. En loslaten hoe je denkt dat het hoort, eigenlijk met alles in het ouderschap, werkt ook goed. Dat hebben we geleerd door Caiden. We dachten een gezonde baby te krijgen, maar dat bleek niet het geval. Toen dachten we dat het helemaal mis zou zijn, maar hij doet het heel goed. Je mag best verwachtingen over het ouderschap en je kind hebben, maar het is onwijs waardevol om te leren hoe je ermee dealt als dingen alsnog anders lopen dan je had verwacht.'

Hoe houd je je relatie leuk in de tropenjaren?

'Tijdens de zwangerschap hebben Felipe en ik afgesproken dat wij met z'n tweeën het belangrijkste zijn. Dat klinkt raar als je een kind hebt, maar ik geloof dat je er niet voor je kind kunt zijn als je niet samen sterk bent. Met een baby heb je niet meer elke dag seks, heb je niet meer diezelfde levensstijl als daarvoor. Toch zijn we heel actief in onze *date nights*. Als we samen naar de sauna gaan, dan vragen we de nanny. Je moet elkaar blijven verrassen.'

4

Het Echte Opvoeden: over regels en grenzen stellen

Hoe zorg je ervoor dat broers en zussen elkaar niet de tent uit vechten?

Toen ik zwanger was van ons tweede kind kreeg ik het advies mijn dochtertje direct na de geboorte een pop cadeau te doen, om eventuele jaloerse gevoelens te verzachten. Volgens ervarener ouders is dit slechts het begin. Strijd om de aandacht van mama of papa zal zich rap verplaatsen naar een gevecht om duplo, en nog weer later om de afstandsbediening en badkamertijd. Hoe zorg je ervoor dat broertjes en zusjes elkaar niet de tent uit vechten?

Wat zeggen de deskundigen?

Bonje tussen broers en zussen heeft een belangrijke functie in de ontwikkeling van kinderen. 'Ze leren in een gelijkwaardige relatie conflicten op te lossen,' zegt hoogleraar adolescentie Susan Branje van de Universiteit Utrecht. 'Het gezin is daarvoor een veilige plaats. Vriendjes kunnen na een ruzie besluiten geen contact meer te willen, broertjes blijven.' Strijd helpt kinderen bovendien om het perspectief van de ander te begrijpen, een vaardigheid die ze vaak pas onder de knie hebben rond hun vijftiende levensjaar.

Hoeveel ruzie is normaal? Conflicten nemen toe in de kindertijd. Uit observatiestudies blijkt dat kleuters soms wel zeven conflicten per uur hebben. Vanaf de vroege adolescentie neemt het aantal ruzies af, ook doordat kinderen steeds meer hun eigen weg gaan.

In haar onderzoek naar gezinsrelaties van jongeren ontdekte Branje dat gezinnen waarin boosheid makkelijk wordt geuit, afgewisseld met hechtheid en humor, de relatiekwaliteit beter is dan in gezinnen waar die emoties niet worden uitgesproken. Conflicten zijn dus niet per definitie een slechte zaak.

Rivaliteit tussen broers en zussen is biologisch te verklaren: ieder kind wil exclusieve aandacht van de ouders. 'Onbewust wakkeren ouders die rivaliteit aan wanneer ze kinderen met elkaar vergelijken,' zegt opvoedkundige Heleen de Hertog, oprichter van How2talk2kids. 'Bijvoorbeeld door te zeggen: "Kijk eens hoe goed je zus haar bord leegeet." Of: "Zie je hoe je broer zijn rugzak altijd aan de kapstok hangt, waarom doe jij dat nooit?" Als ouder denk je dat zo'n opmerking inspireert tot beter gedrag, maar je benadrukt vooral de onderlinge competitie.

Hoe stel je je als ouder op?

Vaak zijn vaders en moeders geneigd het gekibbel te sussen. Of ze grijpen in door te dicteren wat er moet gebeuren: jij mag eerst met de iPad, dan mag je broer. 'Hiermee los je ogenschijnlijk het conflict op, maar onderhuids gaat het verder als jij niet in de buurt bent,' vertelt De Hertog. Bovendien plaats je je als ouder in de rol van politieman of scheidsrechter. Voordat je het weet, ben je in de weer met schema's en kookwekkers om alles eerlijk te verdelen.

Het is verstandiger om kinderen zélf met een oplossing te laten komen. Dat kan al als het jongste kind drie jaar is. Hoe doe je dat? 'Je erkent eerst de gevoelens van beide partijen ("jij wilt heel graag met de bal spelen, en jij ook") en zegt vervolgens: "Ik weet zeker dat jullie samen tot een oplossing kunnen komen die voor jullie beiden oké is. Tot die tijd neem ik de bal mee."' Het gaat erom dat je je als ouder neerlegt bij de gevonden oplossing, ook al voelt die voor jou niet altijd eerlijk.

Maar wat als kinderen elkaar in de haren vliegen? De Hertog: 'Beschrijf wat je ziet en stel grenzen ("slaan doen we niet"). Daarna laat je ze apart van elkaar even afkoelen. Later maak je de afspraak dat je het samen uitpraat.'

Er is volgens De Hertog één magisch zinnetje voor jonge kinderen die ruziën om hetzelfde speelgoed: 'Zodra Klaas klaar is met de fiets, mag jij.' Ga je opleggen dat Klaas nog twee rondjes mag, dan zal hij eindeloos op dat fietsje blijven. 'Laat je de keuze aan het kind, dan zal hij het fietsje snel afstaan, let maar op.'

Je lastige kind dreigen met verbanning naar de gang: kan het ook anders?

'...anders ga je naar de gang!' Met een temperamentvolle peuter floept zo'n dreigement er in het heetst van de strijd wel eens uit. En effectief dat het is, merkte ik. Maar fijn voelt het niet. Straffen en dreigen is niet goed en bovendien niet nodig, beweren tal van opvoedboeken, zoals het populaire *Unconditional Parenting* (2006) van de Amerikaanse wetenschapper Alfie Kohn. Hij noemt straffen emotionele chantage. Het klinkt interessant: een huis waar geen strafhoek of -stoeltje nodig is. Maar hoe gaat dat in zijn werk? Hoe stel je grenzen als er geen consequenties worden verbonden aan 'stout' gedrag?

Wat zeggen de deskundigen?

Een time-out op de gang is geen goed idee, meent ook de Amerikaanse hoogleraar psychiatrie Daniel Siegel, die het boek *No Drama Discipline* (2015) schreef. Op deze manier leert een kind namelijk dat het in zijn uppie moet zijn als het een fout maakt. Die isolering voelt als een afwijzing en in het brein wordt dit ervaren als fysieke pijn. Als ouder zeg je eigenlijk: ik ben alleen in jou geïnteresseerd als je alles volgens mijn regels doet.

Straffen is ook niet effectief op de lange termijn. 'We weten dat kinderen die veel gestraft worden een verminderde gewetensontwikkeling laten zien,' zegt pedagoog Steven Pont. 'Ze passen hun gedrag niet aan omdat ze die ander geen pijn willen doen, maar omdat ze geen straf willen. Ze zullen ongewenst gedrag alsnog vertonen wanneer de strafgever er niet is. De norm wordt dus niet geïnternaliseerd, alleen de straf.'

Eigenlijk gaat het om de vraag wat voor ouder je wilt zijn én wat voor kind je wilt, meent Pont: een kind dat gehoorzaamt en precies doet wat je zegt? Of iemand die zelf leert nadenken over het effect van zijn gedrag?

Hoe kan het anders?

'Je bent als ouder een levensleraar,' aldus Pont. 'In plaats van direct te straffen, ga je in gesprek. Wanneer je kind speelgoed afpakt, vraag je: "Begrijp je waarom Bas huilt?" Daarna houd je je mond. "Kun je het oplossen?" vraag je vervolgens. Kijk waar het kind zelf mee komt.'

Deze methode is ingewikkelder dan naar de gang sturen. Het kost meer tijd én leidt tot een constant sluimerend gevoel van onmacht. 'Er is niet één goede aanpak waardoor je nooit meer gedoe hebt met je kinderen,' zegt Pont. 'Maar ruzie is mooi. Dan kun je iets duidelijk maken over hoe het leven werkt.' Volgens Pont krijg je er iets belangrijks voor terug: werkelijk contact met je kind.

Maar slaan we niet door in dat oeverloze gepráát met onze kinderen? Bij de kleintjes is dat vaak niet effectief, meent pedagoog Eva Bronsveld. 'Als een kind de kat aan zijn staart trekt, dan til je het op: "Dat doen we niet." Schopt een driejarige zijn broertje, dan begrens je dat gedrag direct. "Stop, we doen elkaar geen pijn. Dat was vast niet jouw bedoeling. Kom, dan gaan we hem troosten." Dan doe je voor hoe je reageert als iemand pijn heeft.'

Soms is het slimmer om later op een situatie terug te komen, als een kind niet moe of geïrriteerd is. Bronsveld: 'Dan zeg je: "Toen ik je vroeg de tafel te dekken, snauwde je en dat vond ik niet fijn." Niet dat het daarna altijd goed gaat, maar dat soort gesprekjes helpen wel.' Als kinderen constant over de grenzen van de ouders heen gaan, zit daar vaak wat anders achter. 'Ze voelen zich afgewezen of vervelen zich. Daar moet je eerst achter komen.' Daarin is de houding van de ouder bepalend. 'Je vindt je partner ook wel eens irritant, maar dingen verbieden, dat werkt niet. Ik zeg wel eens: kinderen zijn net mensen.'

Zo leer je je kind opruimen

'Als het om opruimen gaat, zijn we allemaal autodidact,' schrijft opruimgoeroe Marie Kondo in haar bestseller *Opgeruimd!* waarvan er wereldwijd vier miljoen exemplaren zijn verkocht. Ze vindt het vreemd dat recepten van oma op dochter op kleinkinderen worden doorgeven als familietradities, maar opruimvaardigheden niet. 'Kinderen hebben anno 2016 frappant weinig vaste taken. Afwasmachine inruimen is zowat het zwaarste wat de meeste kinderen ten deel valt,' schrijft ook schoonmaakdeskundige Diet Groothuis in *Het grote poetsboek*. Zonde, want hoe je een huis leefbaar houdt zou niet misstaan in de opvoeding van jongens en meisjes.

Maar hoe pak je dat aan? Ruzies over uitpuilende kamers en rondslingerende sokken en barbiepoppen zijn geen huishouden vreemd.

Dit zeggen de deskundigen

Een kind is vanaf ongeveer zesjarige leeftijd in staat zelfstandig op te ruimen. Maar ouders kunnen veel eerder beginnen met het aanleren ervan. 'Kinderen pikken op wat ze zien, dus je kunt al met je dreumes samen spullen gaan opbergen,' zegt opvoedcoach Pauline van Soldt. 'Peuters houden van nadoen, maak daar gebruik van. Laat ze maar met een stofdoek achter je aan gaan, maar let niet op het resultaat.'

Een zevenjarige naar boven sturen, met de opdracht 'ga je kamer opruimen' heeft weinig zin. Vaders en moeders moeten het zo concreet mogelijk maken: zet de knuffels op de plank, de boekjes in de kast, de blokken in de kist. 'Een jong kind is snel afgeleid tijdens het opruimen en zal snel geneigd zijn weer te gaan spelen, dus je moet het proces wel een beetje begeleiden,' adviseert professional organizer Hilde Verdijk. Het vergt investering van de ouders, maar het zal zich later uitbetalen. Het helpt om het opruimen leuk te maken. 'Je kunt een kookwekker zetten en zeggen: wie de meeste spullen kan opruimen! Of: we doen nu wie het snelst tien spullen kan vinden die niet op de goede plek staan.'

Hoe creëer je een fijne opruimroutine?

Opruimen wordt lastig als de dingen geen duidelijke plek in huis hebben. Markeer dus waar de lego en de knutselspullen horen, door bijvoorbeeld labels te plakken op kisten of lades. 'Als de kinderen nog niet kunnen lezen, kun je foto's gebruiken,' zegt Verdijk. 'Laat kinderen zelf meedenken over de opbergplek. Ze zijn veel kleiner van stuk en zullen misschien heel andere ideeën hebben waar ze hun potloden willen leggen. Dan zijn ze ook sneller geneigd die spullen daar terug te leggen.'

Dat klinkt simpel. Maar waarom hebben bijna alle kinderen zo'n grondige hekel aan opruimen? Volgens Verdijk heeft dat te maken met het feit dat de overgang van spelen naar opruimen vaak te abrupt is. 'Opeens zegt moeder of vader: "Hup, opruimen, want we gaan eten." Daar heeft een kind, dat midden in het spel zit, geen boodschap aan. Kondig het aan: over een minuut gaan we alles opbergen.' Doordat het een dagelijks terugkerend klusje is, leren ze dat opruimen bij het spelen hoort. Dat het ook gewoon fijner is. 'Een grote hoop speelgoed nodigt niet uit tot spelen en op een verdwaald legoblokje staan, doet pijn.'

En hoe zit het met pubers – een categorie apart in de opvoeding? 'Voor pubers is weigeren om op te ruimen het ideale afzetmiddel. Je kunt er veel ruzie over maken, maar ik zou ook zeggen: *pick your battles*,' luidt Verdijks advies. 'Probeer een duidelijke afspraak te maken dat één keer per week de grond in hun kamer helemaal vrij moet zijn zodat er gestofzuigd kan worden. Laat ze de consequenties voelen. Geen kleding in de wasmand? Dan hebben ze geen schone dingen om aan te doen. Jammer dan.'

Hoe ga je met #MeToo om in de opvoeding van je zoon?

Voor weinig ouders zal het een favoriet onderdeel van de opvoeding zijn: seksuele voorlichting. En dan bedoel ik niet het bloemetjes-en-bijtjesverhaal, maar de vraag wat je je kinderen wilt meegeven als het gaat om relaties en seks. De #MeToo-beweging laat zien dat vooral in de opvoeding van jongens nog een wereld valt te winnen. Hoe zorg je ervoor dat je zoon zich niet schuldig maakt aan grensoverschrijdend gedrag?

Wat zeggen de deskundigen?

Uit onderzoek van Rutgers, kenniscentrum seksualiteit, blijkt dat ouders vaker met hun dochters over seks praten dan met hun zonen. Dat is ergens ook logisch: bij meisjes maken we ons eerder zorgen over veiligheid en ongewenste zwangerschappen en dus willen we hen beschermen. We zijn minder bezorgd om jongens. 'Hierdoor missen zij wel belangrijke lessen,' zegt Marianne Cense van Rutgers. Het gaat daarbij niet om de technische kant van seks, zoals veilig vrijen, maar juist om subtielere zaken, zoals hoe je met elkaar omgaat als je iemand interessant vindt. 'Bijvoorbeeld dat de glimlach van een meisje niet altijd een uitnodiging is, maar ook kan betekenen dat ze verlegen is.'

Uit de vele interviews die Cense voor haar onderzoek hield met Nederlandse jongeren, blijkt dat er niets mankeert aan hun opvattingen: allemaal vinden ze dat seks onder dwang niet mag. Toch zijn er in diezelfde leeftijdsgroep veel ervaringen met grensoverschrijdend gedrag. Hoe kan dat? 'Jongens denken dat ze de veroveraar moeten zijn. Dat zij altijd het initiatief moeten nemen,' vertelt Cense. Ze houden vast aan een idee van hoe een man zich hoort te gedragen. En daar dragen ouders onbewust een steentje aan bij. 'Uit pedagogische studies blijkt dat ouders jongens bijbrengen stoer te zijn en door te pakken, bij meisjes zeggen ze: doe voorzichtig.'

Waar moet je op letten?

'Je kunt een gesprek over seks het beste beginnen op een terloopse manier, als je in de auto zit of samen televisie kijkt,' adviseert Cense. 'De mening van je kind vragen over iets wat voorbijkomt, is makkelijker dan opeens vragen: hé, wat spook jij eigenlijk allemaal uit? Vraag bijvoorbeeld wat hij ervan vindt als iemand blootfoto's doorstuurt.'

Seksuoloog Sanderijn van der Doef tipt het filmpje *Tea Consent*, te vinden op YouTube, dat op droogkomische wijze theedrinken met seks vergelijkt: 'Als iemand eerst ja zegt tegen een kop thee en zich dan bedenkt, is dat vervelend voor degene die de thee heeft gemaakt. Maar het is geen reden om ze met geweld te dwingen de thee alsnog te drinken. Als iemand bewusteloos is, zet dan geen thee. Bewusteloze mensen kunnen geen antwoord geven op de vraag of ze wel thee willen.'

Volgens Van der Doef zijn jongens snel geneigd voor de ander te denken. 'Ze redeneren: zij zal dit wel fijn vinden. Of zoals in de video: jij lust vast thee. Geef je zoon mee: wat jij leuk vindt, hoeft dat meisje niet ook leuk te vinden.' Volgens Van der Doef gaat het erom dat ouders een sfeer creëren waardoor kinderen vragen durven te stellen. En daar moet je vroeg mee beginnen. 'Peuters kunnen al verliefd worden en de eerste kusjes vinden plaats op de basisschool. Vraag ernaar.'

Tot slot het advies van columnist Jan Heemskerk, die meent dat geen van zijn drie zoons zich ooit aan een vrouw zal vergrijpen. Hoe hij dat voor elkaar heeft gekregen? Door ze bewust te maken van het feit dat mannen en vrouwen op één vlak níet gelijkwaardig zijn, en dat is op het gebied van lichamelijke kracht. 'Het is hun heilige plicht nooit ofte nimmer hun lichamelijke kracht uit de kooi te laten om iets gedaan te krijgen.'

Wat doe je wanneer je peuter een driftbui krijgt in de supermarkt?

Nieuwsgierig klikte ik op een video met de titel 'Prinses Charlotte krijgt driftbui tijdens staatsbezoek in Duitsland'. Het leek me smullen om te zien hoe koninklijke ouders omgaan met een lastige peuter. In dit geval hadden Catherine en William ook nog te maken met cameraploegen die alles registreerden. (En op die officiële momenten mag de nanny natuurlijk niet in beeld.)

Maar gewone vaders en moeders moeten soms ook een kritisch publiek dulden – in de supermarkt of het restaurant. Hoe reageer je als je kind buitenshuis een woedeaanval heeft?

Wat zeggen deskundigen?

Driftbuien bij kleine kinderen zijn volstrekt normaal. Niet voor niets spreken we van peuterpuberteit en de *terrible twos*. Ook bij driejarigen komen woede-uitbarstingen voor. 'Het brein van peuters is nog onvoldoende gerijpt om emoties te kunnen begrijpen en te reguleren,' zegt opvoedcoach Anke Nieuwenhuizen. 'De meeste kleintjes gaan niet boos op de grond liggen om hun zin te krijgen of om hun ouders te jennen, maar omdat ze gefrustreerd zijn.'

'Ze zijn het jou niet moeilijk aan het maken, zíj hebben het moeilijk,' zo verwoordde blogger Jenny Anderson in *The New York Times* haar inzicht dat driftbuien vaak een schreeuw om hulp zijn.

Amerikaanse onderzoekers maakten audio-opnamen van honderd kinderen tijdens hun woede-uitbarstingen en concludeerden dat zo'n driftbui een vaste opbouw kent, waarin boosheid en verdriet elkaar afwisselen.

De kunst is om het kind voorbij die woede te begeleiden, zodat alleen de droefheid overblijft, stelt neurowetenschapper Michael Potegal van de Universiteit van Minnesota. Verdrietige kinderen zoeken namelijk troost en daarin kun je als vader of moeder een rol spelen. Bij die woedepieken niet. Dan moet je vooral niets doen, aldus Potegal.

Wat kun je wél doen?

'*First connect, then correct*, geef ik ouders vaak mee,' vertelt Nieuwenhuizen. 'Het allerbelangrijkste is dat je probeert net zo te reageren als thuis. Negeer de ogen om je heen en blijf zo rustig mogelijk. Benoem en erken de emotie die je ziet. "Jij bent heel boos, hè?" Daarna kun je proberen je kind te kalmeren. Als je peuter niet voor rede vatbaar is, laat hem dan even uitrazen. Toespreken of aanraken kan juist olie op het vuur zijn.'

Maar wat als ze het écht te bont maken? 'Kleine kinderen kun je liefdevol optillen als ze pakken hagelslag door het gangpad gaan gooien,' zegt pedagoog Eva Bronsveld. 'Zeg bijvoorbeeld: dit wil ik niet in de winkel, wij gaan naar buiten, dan help ik jou afkoelen.'

De echte winst voor ouders valt misschien wel te halen in het voorkomen van zo'n explosie, door de triggers van je kind te leren kennen. Moeheid en honger bijvoorbeeld (ga niet na een lange crèchedag even snel boodschappen doen) of verveling (neem kleurpotloden mee naar het restaurant).

Maar dat niet alleen. Kinderen met veel temperament hebben extra behoefte aan verbinding en voorspelbaarheid, zegt Bronsveld, schrijver van *Temperamentvolle kinderen. Zo geef je het beste aan gevoelige, intense kinderen met een sterke eigen wil.* 'Als je gezellig samen boodschappen doet en je je kleintje een taak geeft, zoals broccoli pakken of dingen van het lijstje strepen, dan is de kans op een uitbarsting kleiner.' Vermijd verrassingen. Bronsveld: 'Vertel van tevoren dat je naar de winkel gaat en wat jullie gaan kopen. Dan heb je de discussie over roze koeken alvast gehad.'

In een vroeg stadium kan afleiden helpen, zoals hertogin Catherine in de video doet. Ze zakt door haar knieën, tilt dochter Charlotte op en wijst naar iets leuks in de verte. Haar succesvolle optreden doet vermoeden dat ze niet fulltime op nanny's leunt.

Kun je je kind makkelijk verpesten?

Loop een boekwinkel in en je treft planken vol opvoedlectuur. Een genot voor de zoekende ouder, zou je denken. Maar de Amerikaanse journalist Jennifer Senior ziet 'geen hulp, maar angst'. In haar TED Talk noemt ze die rij boeken 'een enorm snoepkleurig monument van onze collectieve paniek'. Het ouderschap verkeert volgens Senior in een crisis: vaders en moeders zijn onzeker of ze het wel goed doen. Dat riep bij mij de vraag op: kun je je kind makkelijk verpesten? Oftewel: hoeveel invloed heb je eigenlijk als opvoeder?

Wat zeggen de deskundigen?

Mogelijk zijn niet alle kinderen even gevoelig voor de opvoeding die ze krijgen. Volgens een recente pedagogische theorie kun je kinderen grofweg indelen in twee typen: paardenbloemen en orchideeën. Paardenbloemen zijn veerkrachtig; ze groeien ook als ze weinig voeding krijgen en zijn minder gevoelig voor hun omgeving. Orchideeën zijn kwetsbaarder, maar als je ze goed verzorgt, kunnen ze prachtig bloeien.

Dit verschil in temperament bij kinderen is deels een kwestie van genen en heeft consequenties voor de opvoeding. 'Je kunt je voorstellen dat er bij een paardenbloem wat strengere regels nodig zijn, terwijl een orchidee daarvan overstuur kan raken,' zegt Geertjan Overbeek, hoogleraar pedagogiek aan de Universiteit van Amsterdam.

Overbeek merkt dat veel vaders en moeders twijfelen over hun opvoedskills. 'Pedagogen wakkeren dat onbedoeld misschien ook aan. Door adviezen te geven lijkt het alsof er één goede manier is. Ik zou zeggen: leer je eigen kind kennen.'

Dat klinkt misschien als een dooddoener, maar voor schipperende ouders kan het geen kwaad meer vertrouwen te hebben in hun intuïtie, in plaats van blind te varen op de raad van strenge tv-nanny's. Zodat je zonder afkeurende stemmen in het hoofd ('Niet doen, dan wennen ze eraan!') je peuter in bed kunt nemen als dat voor jou goed voelt.

Overschatten ouders hun macht als opvoeder? Overbeek denkt van wel. 'Uit de klinische psychologie weten we dat bij mensen die behandeld worden voor depressie of verslaving, vaak iets verkeerd is gegaan in de opvoeding. Maar we weten óók dat het merendeel van de kinderen met een problematische jeugd goed terechtkomt. Kinderen zijn heel veerkrachtig.'

Hoe pak je het aan?

De opvoedstress van vaders en moeders wordt mede veroorzaakt doordat zij zichzelf de verkeerde taak toe-eigenen, meent Senior, die het boek *Maar je krijgt er zoveel voor terug* (2015) schreef. 'Een kind gelukkig maken is een onredelijke opdracht voor een ouder. En gelukkig zijn is een nog onredelijker opdracht voor het kind zelf.' Geluk is geen doel dat je kunt nastreven, maar een neveneffect van andere dingen. Dus pleit Senior ervoor dat ouders zich richten op behapbare zaken als het bijbrengen van fatsoen en het geven van liefde. 'Laat geluk en zelfvertrouwen voor zichzelf zorgen.'

Misschien maken ouders van nu de opvoedtaak te groot. 'Effectieve oplossingen komen vaak niet van goeroes, maar van ouders zélf die creatief worden op wanhopige momenten,' zegt Hillary Frank, auteur van *Weird Parenting Wins*. Eén zo'n inventieve vondst uit het boek is een spelletje met de naam 'Wat ligt er op mijn kont?' 'Voor die momenten waarop jij wilt relaxen, maar je kind wilt spelen. Ga met je gezicht naar beneden op de bank liggen en vraag je kind een willekeurig voorwerp op je kont te leggen. Jij gaat raden wat het is. Daar zijn ze wel even zoet mee.'

Ik moet denken aan mijn vriend die, radeloos en doodmoe, ontdekte dat onze dochter – een huilbaby – alleen stil werd als hij naast een stromende kraan ging staan. Na die zelfbedachte fix voelde hij zich even een alwetende superouder – tot de volgende crisis zich aandiende, uiteraard.

Als je puber de hele dag op social media zit

Voor ouders die niet goed snappen wat hun puber online uitspookt, is de speelfilm *Eighth Grade* (2018) een aanrader. Hoofdpersoon is de verlegen tiener Kayla Day, die stuntelige video's maakt op haar YouTube-kanaal, waarin ze tips geeft over hoe je 'jezelf meer kunt laten zien'.

Tijdens het avondeten probeert de vader onhandig een gesprek aan te knopen, terwijl zijn dochter met oordopjes in langs haar Instagram-feed scrolt. Ten einde raad keilt hij, voor de grap, een boontje naar haar hoofd. Je leeft als kijker mee met die arme man, maar vraagt je tegelijkertijd af: is er geen slimmere manier om grip te krijgen op het online leven van tieners?

Wat zeggen deskundigen?

Ouders zijn geneigd het sociale verkeer op WhatsApp, Instagram, YouTube en Snapchat als 'niet echt' te beschouwen. Menig moeder of vader zal geërgerd verzuchten: kom eens van die bank af, en: spreek gewoon met vrienden af.

Maar de ongerustheid dat het chatten ten koste gaat van contact in levenden lijve is niet nodig. 'We weten uit onderzoek dat jongeren die veel vrienden op sociale media hebben, ook sociaal zijn in het echte leven,' zegt Ina Koning, universitair docent aan de Universiteit van Utrecht. 'Het is een andere manier van vriendschappen onderhouden, die ouders niet kennen uit hun jeugd. En dat vinden ze eng.'

Is die angst voor sociale media dan niet terecht? *Eighth Grade* toont immers aan hoe onzeker Kayla wordt van al die perfecte plaatjes op Instagram. 'Mensen die veel op sociale media zitten, zijn over het algemeen minder tevreden over hun uiterlijk,' aldus Dian de Vries, die gepromoveerd is op jongeren en sociale media. 'Maar we vonden in ons onderzoek dat dit niet het geval is als die persoon een goede band met zijn of haar moeder heeft.' Oftewel: je staat hierin als ouder niet compleet machteloos.

Prááť met je kind, is het advies van experts. Alleen, knoop maar eens een gesprek aan met een puber die juist afstand wil. 'Ouders zijn te veel gericht op het inperken van sociale media. Vanaf een afstandje roepen ze: "Ik wil dat je nú stopt", zonder te begrijpen dat het voor een kind moeilijk is,' zegt Koning. 'Dan kom je in een vicieuze cirkel terecht van negatief reageren op elkaar.'

Wat zijn de andere opties?

'Vraag als ouder gewoon: hoe was het vandaag op social media?', tipt Dian de Vries. 'Of: heb je online nog iets leuks meegemaakt? Ouders vinden dat gekke vragen, maar de kans is groot dat je uitgebreid antwoord krijgt. Kinderen zeggen op het schoolplein ook tegen elkaar: "Zie je op Fortnite!" Dat is normaal. Social media zijn voor hen net een kroeg.'

Koning raadt aan om je eerst in te leven voor je met regels op de proppen komt. 'Ik hoor vaak van ouders, nadat ze zelf een keer een game hebben gespeeld: je kunt zo'n spel inderdaad niet zomaar uitzetten.' Door te begrijpen wat je kind online doet, kun je slimmer ingrijpen op het juiste moment.

Uit onderzoek blijkt dat reactieve regels, dus reageren als het kind eenmaal achter het scherm zit, minder goed werken dan restrictieve regels, die je vooraf met elkaar bespreekt. Koning: 'Maak op een rustig ogenblik duidelijke afspraken dat er aan tafel geen telefoons zijn toegestaan en dat de mobiel 's nachts niet mee naar de slaapkamer gaat.' Voor wie opziet tegen weekenden of vakanties in het gezelschap van pubers die vergroeid zijn met hun mobiel: richt je energie op het stimuleren van offline bezigheden. Tip: kies een sportieve activiteit als zwemmen. Je puber wil vast niet dat zijn of haar telefoon waterschade oploopt.

De tablet kan een fijne digitale oppas zijn, maar hoe houd je het kijkgedrag van je kind gezond?

Jaloers keek ik naar de familie verderop in het restaurant. Vader en moeder voerden een écht gesprek terwijl de kinderen braaf onder tafel speelden. Ik hupste rond met een dreinende dreumes op mijn heup, mijn zus probeerde het schreeuwspelletje van haar zoontje en mijn dochter te smoren. Onze koffie werd ijskoffie. Aantal woorden gewisseld: nul. Later ontdekte ik het geheim van dat 'perfecte' gezin: de kleintjes zaten gekluisterd aan een laptop met Disney-film.

Ouders noemen schermtijd de allergrootste uitdaging van het opvoeden. De tablet is soms een welkome digitale oppas, maar hoe houd je het kijkgedrag van je kind gezond?

Wat zeggen de deskundigen?

Kinderen onder de twee jaar kijken gemiddeld een uur per dag naar tv, tablet of dvd. Tegenwoordig zijn baby's vier maanden oud wanneer ze voor het eerst in contact komen met een scherm. Ter vergelijking: in de jaren zeventig kregen kinderen pas op vierjarige leeftijd met media te maken. 'Het is belangrijk te beseffen dat heel jonge kinderen weinig van het scherm leren,' zegt pedagoog Krista Okma. 'Ukkies pikken dingen op door met hun handen te voelen dat een vierkant blokje niet in een driehoekje past. Het scherm is vooral vermaak.'

Bijna de helft van de ouders (met kinderen tussen nul en zes jaar) gebruikt het scherm om een momentje voor zichzelf te hebben, blijkt uit onderzoek van Mediawijzer. Zes op de tien ouders voelt zich daar wel eens schuldig over. Okma: 'Schermtijd kan ook een rustmoment zijn, zodat vader of moeder kan koken. Daarover moet je niet al te moralistisch doen.'

Maar hoe schadelijk is dat getuur naar schermpjes? We weten dat het kinderen bijziend kan maken. Het Oogfonds adviseert de 20-20-2-regel: na 20 minuten dichtbij kijken moet je een pauze van 20 seconden inlassen. Daarnaast moeten kinderen elke dag 2 uur buiten zijn om de ogen rust te gunnen.

'Ouders willen graag horen hoeveel uur geoorloofd is,' zegt Patti Valkenburg, hoogleraar media, jeugd en samenleving aan de Universiteit van Amsterdam. 'Het verschilt per kind. Maar meer dan twee uur is voor kinderen tussen de vier en zeven jaar niet goed. Het is vooral belangrijk dat het scherm geen andere gezonde activiteiten verdringt, zoals bewegen en contact met vriendjes.'

Hoe houd je de schermtijd binnen de perken?

Een geniale truc om een jong kind los te weken van het scherm zónder daaropvolgende driftbui, komt van de Franse psycholoog Isabelle Filliozat. In plaats van een waarschuwing ('nog vijf minuutjes') ga je naast je kind zitten. Kijk mee en stel een vraag: 'Wie is dat grappige figuurtje?' Doordat je kind gaat praten over wat hij ziet, haal je hem uit de hypnose. 'Een brug bouwen naar de echte wereld,' noemt Filliozat dit. Nu je contact hebt, is het gemakkelijk te zeggen dat het tijd is om aan tafel te gaan.

Volgens Krista Okma kunnen ouders zichzelf gek maken door constant bezig te zijn met schermtijd. Grote kans dat je teleurgesteld raakt in jezelf en je kind omdat het niet lukt. 'Kinderen beleven veel plezier aan media, zoals wij ook graag een leuke serie kijken. Als je die tijd alleen maar begrenst, wordt het iets negatiefs. En dat is jammer.'

Hoe houd je het positief terwijl je óók grenzen stelt? Okma: 'Draai het eens om: laat de schermtijd los en focus je op buitenspeeltijd. Zorg dat ze anderhalf uur actief spelen en je bent al een eind. Mooi meegenomen: er blijven minder minuten over voor video's.'

Zeurt je kind om de tablet? 'Blijf consequent, ook al leidt het tot gedoe,' adviseert Okma. 'We zijn nietsdoen aan het verleren, terwijl het erg belangrijk is voor de creativiteit. Ik heb mijn kinderen een "ik-verveel-me-lijstje" laten maken, dat nu op de ijskast hangt. Daarop staan activiteiten die ze kunnen ondernemen. Kies maar wat uit, zeg ik dan.'

In gesprek met Nienke Plas

'Het scherm afleren is even de hel, maar je moet doorzetten'

Comedian, YouTuber en zangeres Nienke Plas (1986) kreeg samen met haar verloofde Resley zoon Frenky-Dean (2014).

Hoe zou je jouw opvoedstijl omschrijven?

'Ik vind het belangrijk om consequent te zijn. Ik merk aan mijn zoon dat hij die grenzen fijn vindt. Ik ben zelf heel losjes en houd van grove grappen, maar ik leer mijn kind wel dat hij met twee woorden moet praten en dat hij niet brutaal mag zijn. Ik hoor vaak van ouders van vriendjes: wat is hij netjes! Ze zijn verbaasd dat hij gewoon aan tafel blijft zitten. Dan denk ik: natuurlijk doet hij dat! Dat leert hij van ons.'

Wat doe je anders dan je eigen ouders?

'Mijn moeder is een heel zachte vrouw, ik ben iets harder. Als mijn kind iets spannend vindt, zal ik hem heus wel troosten, maar ik duw hem uiteindelijk wél het voetbalveld op omdat ik vind dat je je angst onder ogen moet zien. Terwijl mijn moeder zou zeggen: dan wachten we gewoon een jaartje. Ik wil dat mijn kind een dikke huid krijgt zodat hij later kan omgaan met lelijke comments die hij misschien online zal lezen. Mijn zoon is inmiddels een bekend kind, dus ik moet hem beschermen, maar ook weer niet te veel.'

Frenky-Dean zit in veel van jouw vlogs.
'Langzaam maakt hij kennis met die wereld. Ik probeer hem uit te leggen dat het niet normaal is dat iedereen naar hem zwaait. "Dat is omdat je bekend bent, niet omdat je leuker of knapper bent dan andere kindjes," zeg ik dan.'

Je vriend heeft een Surinaamse opvoeding gehad. Botst dat wel eens?
'Surinamers zijn strikter, feller en directer. Ze praten vaak in de gebiedende wijs: pak dit, geef dat. Daar moest ik in het begin aan wennen. Als je het niet kent, denk je: iedereen heeft hier de hele dag ruzie met elkaar! Maar dat is niet zo. Die directe manier van communiceren vind ik wel fijn in de opvoeding.'

Wat vind jij lastig aan het ouderschap?
'Ik zie mijn zoon soms minder vanwege mijn werk. Maar daar heb ik inmiddels wel de balans in gevonden. De tijd die we samen doorbrengen, daar geniet ik echt van, dan geef ik hem alle aandacht. Samen fietsen of 's ochtends als hij bij ons in bed komt liggen, dat zijn van die waardevolle momenten.'

Heb je nog opvoedtips?

'Ik zou iedereen willen meegeven: minimaliseer het gebruik van schermpjes. Daar krijg je zo'n robotkind van. Misschien lijkt het handig, zo zijn ze lekker stil in het restaurant als je uit eten gaat, maar je krijgt altijd gedoe wanneer je de tablet weer wilt afpakken. Ik snap die ouders hoor, het gemak ervan is zo fijn. Maar het doodt wel de creativiteit van het kind.'

Hebben jullie Frenky-Dean altijd weinig video's laten kijken?

'Nee joh. Bij ons ging het ook fout. Vlak voordat we op vakantie gingen, merkten we dat het de spuigaten uitliep. Hij ging echt janken als hij niet mocht kijken. Toen wisten we: dit moeten we snel anders gaan doen.'

Zijn jullie cold turkey gestopt?

'Hij kijkt niet meer elke dag. Eén keer per week gaan we lekker luieren met hapjes, en dan kijken we samen een film. Dat zijn momenten waar ik echt van wil genieten. Het scherm afleren is even de hel. En daar moet je niet bang voor zijn als ouder. Het kan niet altijd leuk zijn. Ze gaan twee dagen huilen, maar na een weekje is het oké.'

Het is dus nooit te laat om een nieuwe opvoedregel in te stellen?

'Precies. Als we met z'n drieën uit eten gaan, nemen we kleurspullen mee, lego en een autootje. Ga maar spelen, zeggen we tegen hem. Natuurlijk blijven die momenten lastig met een klein kind. Je kunt niet met je vriend even lekker rustig de week gaan doornemen.’

5

Creëer je eigen tradities: wat te doen met vakanties en feestdagen

Hoe overleef je de eerste vakantie met baby?

‘Dit is toch voor niemand leuk?’ zei mijn vriend tijdens onze eerste vakantie als gezin van vier naar een resort op een Grieks eiland. We hadden de beginnersfout gemaakt om ons idee van een ontspannen verblijf voort te zetten, nu met baby en peuter. Alles wat fijn was als koppel (drie keer per dag uit eten), bleek nu een catastrofe (veel toeschouwers bij driftbuien). Hoe vier je vakantie als jong gezin, zonder het gevoel dat je eigenlijk naar huis wilt?

Wat zeggen de deskundigen?

‘Ik krijg geregeld al aanvragen vanuit de tent, van gezinnen die willen langskomen in mijn praktijk omdat de spanningen tijdens de vakantie hoog oplopen,’ zegt opvoedcoach Tea Adema. Verrassend vindt ze die crisissituaties niet. ‘Het ritme is opeens anders. Kinderen die daarvoor gevoelig zijn, worden opeens heel lastig.’

Ouders reageren daar vervolgens anders op dan thuis. ‘Ze gaan sussen, marchanderen of toegeven, want ze schamen zich voor de campingburen, je hoort immers alles.’

Adema noemt dit het ‘deze-vuist-op-deze-vuist’-effect (naar het liedje van Willem Wilmink): ouders willen het graag goed doen, maar daar trappen kinderen niet in. ‘Kinderen willen vooral duidelijkheid.’

Vaders en moeders willen dat het gezellig en ontspannen is en kinderen reageren daarop. Zo creëer je dus het tegenovergestelde effect: spanning. ‘Wil je rust en harmonie op vakantie? Nou, dan heb je pech. Kinderen willen dingen leren en grenzen verkennen,’ aldus Adema. ‘Natuurlijk wil je relaxen, maar laat daar de kinderen alsjeblieft buiten. Stuur je man of vrouw het zwembad in en ga dan lekker een boek lezen.’

Hoe kan het ook?

Wees duidelijk en wees reëel, adviseert Adema. ‘En kijk goed naar je eigen kind. Wat kan het aan? En wat kun jij aan? Vaak staan die twee met elkaar in directe verbinding.’ De ene peuter vindt een stedentripje prima te doen, bij de ander wordt dat een drama. Over het algemeen geldt: hoe kleiner het kind, hoe kleiner de wensen die je moet hebben.

Het wordt nog wel eens vergeten dat opvoeden tijdens de vakantie gewoon doorgaat. ‘Natuurlijk kun je de teugels laten vieren, maar de regels moeten duidelijk zijn.’ Zit je op de camping met een onhandelbaar kind? Volgens Adema is erkenning van de emotie het tovermiddel om de gemoederen tot bedaren te brengen. ‘Zeg bijvoorbeeld: ach lieverd, ik zie dat je het warm hebt en moe bent. Onthoud: een kind dat kliert, is een wanhopig kind.'

Wat niet helpt, is het hoge 'hoe-heurt-het'-gehalte van de klassieke gezinsvakantie. In het tijdschrift *Linda* riep de Vlaamse relatietherapeut Esther Perel mensen op om hun eigen plan te trekken. 'Ik vond het benauwend dat ik tijdens zo'n gezinsvakantie alleen maar moeder was, opgesloten in die hermetische constructie van het gezin. Ik wil op een vakantie ook een boek lezen, niet alleen maar met de kinderen bezig zijn.'

Perel ging daarom graag met een ander gezin op vakantie. 'In Italië of Spanje zie je in restaurants families met vijf, zes volwassenen – grootouders, ooms, tantes – en een heleboel kinderen om hen heen. Als je daar aan tafel zit met je moeder en je broer en een tante, en er is ook nog een neef in de buurt die met de kleintjes stoeit, dan kun je tóch een volwassen gesprek voeren. Ik vind het een merkwaardig idee dat je op vakantie alleen maar met je gezin plezier zou mogen hebben.'

Onze tweede vakantie met het gezin voelde als een comeback: met zéér lage verwachtingen vertrokken we naar een huis in Portugal, waar niemand meekeek als er frietjes over tafel vlogen. Was het altijd ontspannen? Nee. Maar daar hadden we ook niet op gerekend. Dat scheelt een hoop.

Vliegen met kinderen: hoe houd je de reis zo ontspannen mogelijk?

'Meestal als ik met mijn kinderen in een vliegtuig zit, sta ik op een gegeven moment op en vraag ik de stewardess of ik het vliegtuig mag verlaten,' grapte de Amerikaanse acteur Ryan Reynolds onlangs over de lijdensweg van reizen met kleine kinderen. '99 procent van de keren zeggen ze: "Nee," Dus dan ga ik weer zitten en verlang ik naar de zoete bevrijding van de dood.' Voor ouders die niet de privileges hebben van een Hollywoodster (businessclass, ik noem maar wat), is deze vraag nog belangrijker: hoe maak je vliegen met kinderen minder stressvol – voor alle partijen?

Wat zeggen de deskundigen?

'De houding van de ouders is belangrijk, want kinderen spiegelen zich aan hun vader en moeder,' zegt Monique van Orden, auteur van *Verre reizen met kleine kinderen*. 'Straal uit dat het vrij normaal is wat jullie gaan doen. Soms zie je ouders gillend binnenkomen en hun kinderen opjutten: "Dit is heel erg spannend!" Ze raken helemaal over hun toeren.'

De vergelijking met een auto kan helpen om zoon of dochter duidelijk te maken dat er regels gelden aan boord. Dus: riem om, want in de auto kun je ook niet rondlopen.

Van Orden kampte met vliegangst toen ze met haar gezin de wereld over reisde. 'Wat voor mij werkte, waren ademhalingsoefeningen. Leg een hand op je buik, adem twee teugen in en vijf teugen uit. Het is een makkelijke herstart wanneer je merkt dat je opgejaagd bent en je kinderen daarop reageren.' Die oefeningen hebben kennelijk geholpen, want haar twee kinderen zijn nu piloot.

Van haar pilotendochter komt de tip om voor in het toestel te gaan zitten – daar heb je minder last van turbulentie en herrie. Stoelen op de eerste rij hebben bovendien vaak extra ruimte voor de benen. Bonus: je zit dicht bij de toiletten. 'Kies je plek ruim van tevoren en bezuinig niet op de stoelen,' adviseert Van Orden. 'Je wilt niet dat je partner tien rijen achter je zit.' Nog een tip: check zo veel mogelijk bagage in, zodat je niet met rolkoffers hoeft te slepen.

Het is verleidelijk om vroeg bij de gate te gaan wachten, maar dat raadt Van Orden juist af. 'Laat de kinderen bewegen. Grote vliegvelden hebben vaak speelplekken die je van tevoren kunt opzoeken op de plattegrond. Beweeg zolang je kunt.'

Waar moet je nog meer aan denken?

Deze reistip komt van mijn moeder, die de lange autorit naar onze bestemming in Zuid-Frankrijk plezieriger maakte door een tas met cadeautjes bij haar voeten neer te zetten. Om de zoveel uur kregen mijn zus en ik iets leuks, zoals een leitje waarop je kon tekenen. Zo'n geïmproviseerde grabbelton werkt ook in het vliegtuig. Doseren is belangrijk. Speel niet direct al je troeven uit.

Dat geldt ook voor digitaal vermaak. 'Slinger niet direct bij het boarden de iPad aan,' zegt Van Orden. 'Vliegen is spannend voor kinderen en ze zullen hun ogen uitkijken. Bewaar de filmpjes voor wanneer ze verveeld raken.'

De temperatuur in het vliegtuig is altijd een verrassing en daarom kun je je kind het beste kleden in laagjes. Bijvoorbeeld een hemdje, T-shirt en een vestje dat je kunt openritsen.

Om ouderlijke stress te minimaliseren kan het helpen om je opvoedprincipes ('één snoepje per dag') te parkeren totdat je het krappe, door turbulentie geteisterde toestel als gezin hebt verlaten. Het kan echt geen kwaad je dochter twee lolly's te geven terwijl ze vijftien Peppa Pigvideo's binget.

Zo'n noodgreep voorkomt dat je capriolen moet uithalen, zoals George en Amal Clooney: ze deelden koptelefoons uit aan hun medepassagiers en briefjes met daarop hun excuses voor de eventuele geluidsoverlast die hun tweeling van zes maanden zou maken.

Hoe je voorkomt dat Sinterklaas verandert in een graaifestijn

Met Pakjesavond voor de deur zijn moeders en vaders druk bezig de sinterklaascadeaus binnen te halen – in de winkelstraat of thuis achter de computer. Volg je slaafs de verlanglijst van je kind waar vier keer 'slijm' op staat of kies je zelf iets uit? En hoe voorkom je dat het familiefeest op 5 december verandert in een graaifestijn?

Wat zeggen de deskundigen?

'We geven te veel speelgoed aan onze kinderen,' zegt pedagoog Marijke Bisschop, auteur van het boek *Opvoeden in een verwenmaatschappij* (2005). Een belangrijke oorzaak hiervoor is het schuldgevoel van veel ouders, aldus Bisschop. 'Vaders en moeders werken veel en brengen minder tijd door met hun kinderen. Dus gaan we die arme stakkers lekker verwennen. De momenten thuis, en dus ook pakjesavond, moeten héél leuk zijn.'

Een onderzoek van de Universiteit van Oxford uit 2001 onder drieduizend kinderen tussen de drie en vijf jaar oud toonde aan waarom een overvloed aan speelgoed schadelijk kan zijn. Kleuters met veel speelgoed bleken sneller afgeleid, concludeerden de onderzoekers, waardoor ze minder geconcentreerd speelden.

Op die manier blijft het kind haken bij de eerste fase van spelen ('wat kan dit speelgoed'), terwijl bij het ontdekken en uitproberen ('wat kan ík met dit speelgoed') creativiteit en verbeeldingskracht worden aangeboord. Pedagoog Elly Singer, die onderzoek deed naar het spelen van peuters op crèches, constateerde eerder al dat kinderen op Nederlandse kinderdagverblijven ook last hebben van dit 'fladdergedrag'.

Less is more dus. Maar bestaat er ook zoiets als goed en fout speelgoed, vanuit pedagogisch oogpunt gezien? 'We kopen vaak speelgoed met te veel nadrukkelijke kenmerken, wat de fantasie van het kind in de weg kan staan,' aldus speelgoeddeskundige Marianne de Valck. 'Een goede pop kan niets en dus alles. Aan een poepende en pratende pop valt immers weinig te verzinnen. Een brandweerauto met lichtjes en geluid zal in het hoofd van het kind minder snel een andere auto worden.'

Wat een verstandig cadeaubeleid lastig maakt, is dat je als ouder niet alles zelf bepaalt. 'Er is veel druk van buitenaf om bepaalde cadeaus te kopen, vanuit klasgenoten en reclames,' constateert Bisschop. Bij pubers bereikt die drang naar spullen een hoogtepunt. Onderzoek wijst uit dat kinderen tussen twaalf en zestien jaar het gevoeligst zijn voor de aantrekkingskracht van mooie dingen. Dit hangt vermoedelijk samen met een daling in het zelfvertrouwen in die periode. Een kleine troost voor ouders van materialistische pubers: daarna wordt het dus minder erg.

Kan het ook anders?

Er zijn alternatieve soorten speelgoed. Neem de 'Loose Parts'-trend. 'Dit is de pedagogische tegenhanger van commercieel speelgoed waarvan de fabrikant precies heeft bedacht wat het kind ermee moet,' zegt De Valck. Eigenlijk zijn het gewoon losse onderdelen in een doos, zoals knopen, kurken en schelpen. Maar je kunt ook denken aan speelgoedmerken als Kapla, Grimm's en Wobbel. 'We geven kinderen tegenwoordig steeds minder de kans om gewoon wat aan te rommelen. Als een puzzel twee keer is gelegd, dan is het alweer tijd voor een nieuwe.'

Wie deze decembermaand voor minder cadeaus wil gaan: in Engeland en Amerika is de vier-cadeaus-regel populair. Je koopt één ding van de verlanglijst, één ding dat zoon of dochter echt nodig heeft, één kledingstuk en iets om te lezen.

Het heerlijk avondje kan trouwens ook een goed moment zijn om spullen weg te doen. 'Met mijn dochters zocht ik oude barbies uit om naar het Leger des Heils te brengen,' vertelt Bisschop. 'Je kunt uitleggen dat Sint-Nicolaas erg vrijgevig was.' Zo leren ze dat het niet alléén om 'hebben' gaat.

Wanneer is de tijd rijp om je kind te vertellen dat de Sint een verzinsel is?

'Als je jong bent, geloof je alles. Van spinazie krijg je spierballen, je vader is de sterkste man van Nederland en Sinterklaas bestaat,' zegt de voice-over in de openingsscène van de film *Alles is Liefde*, terwijl de camera langs een Hollands fotoalbum glijdt met kiekjes van blozende kinderen op schoot bij Sint-Nicolaas. 'Maar er komt een dag dat je naar de schoenen van de goedheiligman kijkt en denkt: wacht eens, dat zijn de schoenen van mijn vader!' De romkomklassieker vat hier treffend samen wat ieder Nederlands kind meemaakt.

De ontdekking dat Sinterklaas niet bestaat is óók een lastig moment voor ouders. Want wanneer is de tijd rijp om eerlijk te zijn? En is het eigenlijk wel pedagogisch verantwoord te liegen over het bestaan van de goedheiligman?

Wat zeggen de deskundigen?

Kinderen stoppen met geloven in Sinterklaas rond hun zevende jaar. Dat was honderd jaar geleden zo en dat is nu nog zo, zegt historisch pedagoog Mineke van Essen, die onderzoek deed naar de sinterklaasmythe. 'Dit toont aan dat het een natuurlijk moment is in de ontwikkeling van een kind. Ze gaan anders tegen de werkelijkheid aankijken. Vóór die tijd kun je wel zeggen dat de Sint niet bestaat, maar dan geloven ze je gewoon niet.'

Bij jonge kinderen lopen fantasie en realiteit door elkaar heen, wat ook wel 'magisch denken' wordt genoemd. Dat verklaart waarom ze het niet raar vinden dat Sinterklaas op televisie in Amersfoort is en tegelijkertijd op de markt in Schin op Geul rondloopt.

Hoe traumatisch is het voor een kind om te merken dat de man met de mijter een verzinsel is? Samen met een collega stuitte Van Essen op een enquête uit 1938 in het tijdschrift *Het Kind*. 39 procent van de ondervraagde kinderen voelde teleurstelling, verdriet en verlies bij de ontdekking. Toen Van Essen onlangs de enquête herhaalde, bleek dit te zijn toegenomen tot 57 procent.

Zijn de kinderzieltjes teerder geworden? 'Het is een beetje speculeren, maar we wijten de toename aan het feit dat Sinterklaas vroeger werd voorgeschoteld als boeman. Kinderen waren dus ook opgelucht.' Van Essen voegt toe: 'Kinderen zijn tegenwoordig ook minder gewend aan teleurstellingen.'

En toch: wie Sinterklaas viert, liegt in feite tegen zijn nageslacht. Kan dat kwaad? Nee, is de consensus onder pedagogen. Vroeger dacht men daar anders over. 'In 1800 gold het als toppunt van een verlichte opvoeding om je kind niet in Sinterklaas te laten geloven,' zegt Van Essen.

'Pedagogen vonden dat je als ouder de waarheid moest vertellen.' De jeugd zou door de sinterklaasmythe het geloof in volwassenen verliezen. 'Later, tijdens de Romantiek, kwam het inzicht dat je de kleinsten hun fantasie niet moet misgunnen.'

Dat vaders en moeders zich in bochten wringen om Sinterklaas geloofwaardig te houden ('Nee lieverd, dat zijn hulpsinten'), heeft ook iets zelfzuchtigs, menen de Britse ontwikkelingspsychologen McKay en Boyle in hun essay over de 'wonderful lie' van Santa Claus in *The Lancet Psychiatry*. Volwassenen koesteren namelijk zelf een sterke behoefte aan die fantasiewereld. 'Het is een troost terug te keren naar de eigen kindertijd, die voor velen een magische ervaring was.'

Hoe maak je de overgang minder heftig?

Uit het kind oprechte twijfels, dan moet je als ouder de waarheid vertellen, vindt opvoedcoach Tea Adema. 'Maar laat het kind daarin de leiding nemen.' De overstap naar niet-geloven kan ook plezierig zijn. 'Zeg bijvoorbeeld: nu hoor je bij de groten. Het feest houdt niet op te bestaan, het kind krijgt alleen een andere rol.' Ze kunnen bijvoorbeeld helpen met het kopen van cadeautjes voor andere familieleden. 'Kinderen vinden het heerlijk om betrokken te worden in het complot.'

Dat is een geruststellend idee voor wie bij de intocht weer gezellig staat te liegen tegen de kinderen.

Hoe houd je als gezin de kerststress binnen de perken?

In het kielzog van haar internationale bestseller *The Life-Changing Magic of Not Giving a Fuck* kwam de Britse auteur Sarah Knight met het e-book *How to Not Give a F*ck at Christmas*. Haar mening: wanneer families groeien en gezinsleden sterven, zullen ook tradities het loodje moeten leggen. Oftewel: wanneer je een eigen gezin hebt, is het prima om niet altijd mee te doen aan 'verplichtingen' rondom de feestdagen.

Zelf voerde Knight een roulatiesysteem in. Oma's, ouders, tantes en neven moesten met de feestdagen netjes op 'hun jaar' wachten, zonder uitzonderingen, 'ook niet omdat er een nieuw vriendinnetje is dat we moeten ontmoeten. We zien wel of ze er volgend jaar nog is,' aldus Knight.

Makkelijker gezegd dan gedaan. Veel mensen maken zichzelf gek met diners, autoritjes kriskras door het land en opgelegde gezelligheid. Hoe houd je als gezin de kerststress binnen de perken?

Wat zeggen de deskundigen?

Op kerstavond hebben mensen 37 procent meer kans op een hartaanval, blijkt uit een Zweeds onderzoek waarbij alle gedocumenteerde hartaanvallen tussen 1998 en 2013 werden bekeken. De studie trekt geen conclusies over de precieze oorzaak, maar de onderzoekers stellen in *The New York Times* wel dat Kerstmis bijzondere stressoren kent: reizen, moeilijke familierelaties, heftige emoties, ingewikkelde voorbereidingen en natuurlijk veel eten en drinken.

'Kerstmis kan een uiterst beladen feest zijn,' zegt Jan Derksen, hoogleraar klinische psychologie aan de Radboud Universiteit in Nijmegen. 'Je zit als familie langdurig bij elkaar. We vinden dat kerst gezellig moet zijn en die druk brengt spanningen met zich mee. Het gaat gemakkelijk mis. Vooral bij families waar weinig open en directe communicatie is.'

De decemberdrukte is alleen maar toegenomen. Vaak werken beide ouders, waardoor er sprake is van een dubbele belasting, zowel op het werk als thuis. 'Mensen ervaren stress als ze het gevoel hebben de dingen niet in de hand te hebben,' aldus hoogleraar en sociaal psycholoog Paul van Lange van de VU in Amsterdam. 'Bij de organisatie van een kerstdiner ben je van allerlei mensen afhankelijk. Dat vraagt veel energie.'

Hoe maak je het minder zwaar?

Volgens gz-psycholoog Emmeliek Boost, die jarenlang in haar praktijk De Opvoeddesk in Laren een cursus gaf over hoe ouders kunnen omgaan met decemberstress, begint het met de simpele vraag: hoe wil ik kerst vieren? Wil je als jong gezin nog wel naar je ouderlijk huis of is het tijd om zelf een nieuwe traditie te beginnen? 'Dat kan zijn: gewoon een dag in pyjama films kijken en spelletjes spelen. Je moet voorkomen dat kerst een afvinklijstje wordt.'

Laat ieder gezinslid een top-3 maken van dingen die ze met Kerstmis willen doen, adviseert Boost. 'Dat kan met een beetje hulp al vanaf drie jaar. Blik terug: wat werkte vorig jaar en wat niet? Plak die papiertjes op de koelkast. Als iedereen zich erbij betrokken voelt, is er minder kans op ruzie en stress.'

Kerstmis hoeft niet groots en meeslepend te zijn, juist niet. 'Kinderen houden van herhaling,' zegt Boost. 'Dus haal die oude schoenendoos met kerstballen tevoorschijn en hang die samen op. Bak elk jaar dezelfde kerstkoekjes.' Maar, benadrukt Boots, kies wel iets wat bij jou past. 'Raak jij geïrriteerd van verfvlekken en glitters overal, knutsel dan geen menukaartjes. Je moet de feestdagen zo inrichten dat jij als moeder of vader in je beste doen bent. Kinderen voelen het direct als jij gestrest bent.'

Zie dat bakken niet als iets waar je snel doorheen moet om de perfecte koekjes te krijgen. 'Het bakken zelf is kerst. De boodschappen doen is kerst, niet alleen het diner. Het gaat juist om het gepruts.' Het draait niet om de bestemming maar... Juist ja. Een knoeperd van een cliché, maar dat past wel bij een zalig kerstfeest.

Is dat Halloween-gegriezel wel goed voor kinderen?

Bij de Hema heeft het nog iets schattigs: het schap met ‘scary marshmallows’, pluchen spinnen en chocolaatjes in de vorm van uitpuilende ogen. Maar in de gemiddelde feestwinkel wordt het eng, daar bots je pardoes tegen een verkoopster met opgereten buik, waar een horrorbaby uit tevoorschijn kruipt. Ook in Nederland kun je niet meer om Halloween heen, overal in het land worden gekostumeerde feestjes, horrorfilmfestivals en optochten georganiseerd. Het griezelfeest is zelfs tot in de scholen doorgedrongen.

Niet iedereen is daar blij mee. Is Halloween, van oorsprong een Keltisch oogstfestijn dat via Schotse en Ierse immigranten naar de Verenigde Staten werd gebracht, inderdaad te eng voor kleine kinderen? En hoe ervaren kinderen al dat gegriezel?

Wat zeggen de deskundigen?

Uit een Britse studie blijkt dat ruim een derde van de ouders liever geen boeken met een eng personage erin voorleest aan hun kinderen. Dat ouders hun kind willen beschermen tegen zaken die angst aanjagen is logisch, maar op die manier kunnen kinderen een belangrijk leermoment mislopen. Want bang zijn in een veilige context – of dat nou 's avonds in bed is of aan de hand van vader of moeder bij een Halloween-optocht – is allemaal oefening.

'Kinderen leren om hun eigen emoties te herkennen en te bepalen waar hun grenzen liggen,' zegt Peter Nikken, bijzonder hoogleraar Mediaopvoeding aan de Erasmus Universiteit Rotterdam. 'Ze leren zichzelf met angst omgaan. Een ritueel als Halloween, dat is afgeleid van All Hallows' Eve, de avond voor Allerheiligen, biedt de mogelijkheid om die ervaring op te doen.'

Bij griezelige boeken is die veilige omgeving makkelijker te bieden dan bij films of Halloween-feestjes. 'Bij die laatste categorie zijn er geluiden, beelden en bewegingen waar kinderen zelf niet de regie over hebben,' zegt Nikken. 'Een boek klap je dicht wanneer het te eng wordt.'

Volgens kinderboekenschrijver Paul van Loon, bekend van onder meer *De Griezelbus* en *Dolfje Weerwolfje*, gebruiken kinderen hun fantasie om het griezelen zo eng te maken als ze zelf willen. 'Daarom heb je het griezelen in je macht.' Oftewel: een heks, weerwolf of mummie zal er nooit enger uitzien dan dat een kind zelf toelaat.

Het verklaart ook waarom volwassenen soms overdrevener reageren op horrortaferelen dan hun nageslacht. Die kunnen zich beter inleven hoe het is om een afgehakte arm te hebben, of hoe eng het is als de doden gaan ronddwalen. Een kind heeft geen idee.

Hier moet je rekening mee houden

Wanneer wordt het té eng? De leeftijd van het kind is een belangrijke factor. 'Pas vanaf negen jaar snappen kinderen of iets echt is of niet,' vertelt Nikken. 'Ze begrijpen bijvoorbeeld dat de monsters in Harry Potter zijn bedoeld om te griezelen. Ze kunnen op die leeftijd ook benoemen wanneer ze bang zijn en waarom.' Jongere kinderen zijn daar niet toe in staat. 'Het heeft dus geen zin om een zesjarige te vertellen dat het ketchup is en geen bloed, want dat begrijpen ze niet. Uit ons onderzoek naar enge films weten we dat troosten of afleiding bieden zinvoller is. Neem het bange kind op schoot.'

Vanuit het niets je zoon of dochter in een parade vol monsters en zombies droppen is niet slim. 'Betrek het kind bij het voorbereidingsproces van pompoenen uithollen en gezichten uitkerven, dan zien ze van dichtbij dat je iets ook eng kunt "maken", dat het dus mensenwerk is,' adviseert Anneke van der Meer, schrijfster van boeken over kinderen en hun verbeeldingskracht. Ze is van mening dat de intense beleving van bijvoorbeeld enge sprookjes helend kan werken, omdat kinderen zo hun opgekropte gevoelens kunnen afreageren.

In de Verenigde Staten is Halloween een familiefeest, waar het vooral om het verkleden van de kinderen gaat, die vervolgens langs de deuren gaan voor snoep en 'trick or treat' roepen. 'Als kinderen zichzelf mogen verkleden om een ander schrik aan te jagen, dan geeft dat een oppermachtig gevoel,' zegt Van der Meer. 'Het kind beheerst immers zelf de wetten van wat eng is.' Gegriezel op eigen verzoek dus.

Hoe maak je de kinderverjaardag ook leuk voor ouders?

Vroeger keek ik graag naar de realityshow *My Super Sweet 16* op MTV, over rijkeluiskinderen en hun extravagante verjaardagsfeestjes. Vast onderdeel was de teleurstelling op het gezicht van de verwende jarige job (vaak gevolgd door een driftbui) wanneer het cadeau op de oprijlaan – meestal een Range Rover – niet de juiste kleur had.

Zo bont maken we het in Nederland niet, maar als ik andere ouders mag geloven, krijgen kinderfeestjes ook hier steeds meer het karakter van groot, groter, grootst. Logisch dus dat de kinderverjaardag menig ouder het zweet doet uitbreken. Kan het ook zonder stress?

Wat zeggen de deskundigen?

De manier waarop we kinderverjaardagen vieren, een combinatie van trakteren op school, cadeautjes geven en een partijtje, ontstond in de eerste helft van de twintigste eeuw. 'Lange tijd waren het alleen de meer welgestelde burgers die kindervisite ontvingen en cadeaus gaven, zoals speelgoed en boeken,' zegt Irene Stengs, bijzonder hoogleraar antropologie van ritueel en populaire cultuur aan de Vrije Universiteit in Amsterdam. 'Kinderen uit de middenklasse vierden nauwelijks feestjes maar kregen wel praktische cadeaus, zoals schoenen of een jas. Voor kinderen van arbeiders was er vaak alleen iets lekkers, bijvoorbeeld een koek of een appel.'

Dat de verjaardagen van kleintjes steeds belangrijker worden, is te zien aan de industrie rond kinderfeestjes. Elk museum, attractiepark, dierentuin, klimschool of bowlingcentrum heeft wel een apart partijtjesarrangement.

'De kinderverjaardag is een vorm van sociale competitie geworden,' meent Stengs. Het gaat niet meer alleen om die kring van mensen die dichtbij staan. 'Het is ook een manifestatie in de maatschappij, waarbij zowel ouders als kinderen goed voor de dag willen komen.'

Ouders organiseren de verjaardag van hun kind óók voor zichzelf, om het ouderschap te vieren. Neem de eerste verjaardag van baby's, die vaak groots wordt opgezet, terwijl de baby in kwestie dat niet bewust meekrijgt. Stengs: 'Dit is de eerste gelegenheid waarbij ouders hun kind laten zien aan hun belangrijkste vrienden en familie samen.' Nog maar weinig kinderen worden gedoopt en kennelijk is er behoefte aan een gemeenschappelijk ritueel.

Hoe het ook kan

'Wat is er gebeurd met kinderfeestjes waarbij we kettingen regen van nibbits, dansten op onze favoriete muziek en daarmee dik tevreden waren?' schreef Nicole Bijnen-van Montfort in een blogpost. Deze nuchtere moeder én pedagoog uit Brabant lijkt me de aangewezen persoon om te bellen voor advies.

'De tendens is om flink uit te pakken met partijtjes en de kinderen overal mee naartoe te slepen. Vraag je kind gewoon eens wat hij of zij eigenlijk wil doen. Mijn zoon wilde met vriendjes thuis spelletjes spelen.' Dat werd dus blaasvoetballen, waarbij je met een rietje watjes over tafel blaast, spijkerpoepen en elkaar met wc-papier inwikkelen tot mummies. 'Simpele dingen blijken achteraf vaak het leukst.'

Dan moet je wel tegen de druk van buitenaf kunnen. 'Door Instagram denkt iedere moeder zich te moeten ontpoppen tot een soort Martha Stewart als het gaat om traktaties. Bijnen-van Montfort herinnert zich een moeder die een trein van rauwe groenten had gemaakt. 'De trein stond op instorten toen ze het lokaal binnenkwam, want om vijf uur 's ochtends beginnen met snijden was nét iets te vroeg geweest.'

De sociale klasse waaruit iemand komt, bepaalt nog steeds de traktatiekeuze. 'In de yuppenwijk waar ik werk, moet het gezond; in mijn dorp nemen ze gewoon snoep mee.'

Ook traktatiestress? 'De traktatie die bij ons favoriet blijft: de satéprikker met een druifje, kaasje en stukje worst. Gezond en lekker.' Wie creatief wil zijn, prikt de stokjes in een halve meloen: voilà, een egel.

In gesprek met Marcel van Roosmalen

'Als ouder bereik je een nieuw niveau van vermoeidheid'

Columnist en schrijver Marcel van Roosmalen (1968) heeft samen met zijn vriendin Eva Hoeke twee dochters: Lucie (2015) en Leah (2017). Ze wonen in Wormer.

Wat heeft je verrast aan het ouderschap?

'Het is leuker dan ik had verwacht. Ik ben vrij laat begonnen en had me al neergelegd bij een kinderloos bestaan. Maar ik word blij als ik zie dat zij het leuk hebben. We gaan bijvoorbeeld vaak een stuk fietsen en dan zingen we liedjes. Wie had dat gedacht: ik, zingend op een fiets? Ik ben ook verbaasd dat mijn dochters zo beleefd en lief zijn. Als ik even op de bank zit, vraagt mijn oudste bijvoorbeeld: "Papa, heb je hoofdpijn?" Van wie hebben ze dat?

Aan de andere kant: het ouderschap is ook zwaarder dan ik van tevoren dacht.'

Wat vind je zwaar?

'Dat je de agenda's steeds naast elkaar moet leggen. Waar moet jij die dag heen? O, maar dan heb ik ook een afspraak. Alles moet gepland worden. Je kunt niet zomaar weggaan zoals vroeger.'

Jij bent elke woensdag thuis met de kinderen. Wat doe je dan?

'Ik vind het op zo'n dag prima als de kinderen twee uur televisie kijken of op de iPad zitten. Eva vindt het leuker als ik ergens héén ga. Dus dan gaan we het dorp in. Niet veel later ligt een van de dochters in het gangpad van de supermarkt, en sta ik aan haar te trekken. Nou, dan staat het zweet me op mijn hoofd. Ik vind eigenlijk: als ik met de kinderen ben, moet ik ook kunnen bepalen wat we doen.'

Ook over voeding verschillen jullie van mening. Jij koopt graag ongezonde koeken bij het tankstation, begreep ik uit een column van je vriendin.

'Dat heb ik inmiddels afgeleerd. Nu zeg ik als we langs het schap met de koeken lopen tegen Lucie: die troep hoeven we niet, hè?'

Wat vind je het lastigst aan opvoeden?

'Kinderen leren al op jonge leeftijd je zwakke plek kennen. Als Eva op woensdag weggaat, staat Lucie direct bij de keukenkastjes om op mijn schoot uit te stallen wat ze allemaal wil eten, dat kan ook een blik bonen zijn. Ik sta in ons huis bekend als de toegefelijke.'

Even over verjaardagen met kinderen. 'Er vormden zich roedels. De vijf zakken chips waren meteen weg. Er waren vier taarten, niets van gezien,' schreef jij in je column.

'In een column overdrijf ik natuurlijk een beetje. Het was de veertigste verjaardag van Eva en er waren twintig kinderen in ons huis, variërend in leeftijd van nul tot tien. Dat is druk. Ik ben niet zo'n vader die in het openbaar leuk gaat rollebollen met de kinderen. Om het vol te houden eigen ik me het liefst een taak toe, zoals vragen of iemand nog koffie wil.'

Voor jouw werk heb je rust nodig. Hoe creëer je die met een druk gezin?

'Ik ga naar zolder of naar mijn kantoortje in Amsterdam, op twintig minuten van ons huis. Ik ben afgestapt van het idee dat ik volledige rust nodig heb om te werken. Ik ben ook veel effectiever geworden sinds de kinderen er zijn. Omdat ik weet: dit moet nu af.'

Heb je nog een opvoedinzicht voor andere ouders?

'Je moet je volledige aandacht bij de kinderen hebben. Als jij mij een tijd geleden had gevraagd of we op woensdag konden bellen voor dit interview, dan had ik gezegd: prima. Met het idee: zij spelen in de tuin terwijl ik rustig bel. Maar zo werkt het niet. Hetzelfde met mails beantwoorden, zij gaan op die momenten juist om aandacht vragen. Nu pak ik het anders aan. Als ik bij ze ben, werk ik niet. Door mijn dochters ben ik meer ontspannen.'

Hoe houd je je relatie leuk?

'We proberen eens in de week met z'n tweeën op stap te

gaan. Dat lukt niet altijd. Als de moeder van Eva of onze vaste oppas niet kan, moeten we thuisblijven. Hier in het dorp is het niet zo makkelijk om een oppas te regelen. En om nou de dochter van de barkeeper te vragen, daar zijn mijn kinderen me toch iets te dierbaar voor. Laatst gingen we naar een festival waar we ook moesten optreden. Dat is fijn. We zeiden tegen elkaar: waarom doen we dit niet vaker? Het is wat minder rock-'n-roll dan vroeger. Als ouder bereik je een nieuw niveau van vermoeidheid. Vroeger – voor de kinderen – klaagde ik ook over moeheid, hoe pathetisch was dat.'

Register